HET JACK DANIELS KOOKBOEK

Ontgrendel de gedurfde en onderscheidende smaken van Tennessee met meer dan 100 recepten met Jack Daniels. Van Smoky BBQ tot Sweet Desserts en alles ertussenin

Antonia Fernandez

Auteursrechtelijk materiaal ©2023

Alle rechten voorbehouden

Zonder de juiste schriftelijke toestemming van de uitgever en de eigenaar van het auteursrecht mag dit boek op geen enkele manier, vorm of vorm worden gebruikt of verspreid, met uitzondering van korte citaten die in een recensie worden gebruikt. Dit boek mag niet worden beschouwd als vervanging van medisch, juridisch of ander professioneel advies.

INHOUDSOPGAVE

INHOUDSOPGAVE 3
INVOERING 7
ONTBIJT 8
   1. Jack Daniels Kip en Wafels 9
   2. Jack Daniels Perzik Wentelteefjes 11
   3. Fuiscepannenkoeken 13
   4. Fuisce geglazuurde ontbijtham 15
   5. Fuisce French Toast 17
   6. Fuisce Bagún 19
   7. Fuisce-kaneelbroodjes 21
   8. Fuisce-perzikpannenkoeken 23
   9. Fuisce-bananenbrood 25
   10. Fuisce geglazuurde Bagún en eiersandwich 27
   11. Fuisce-bananenpannenkoeken 29
   12. Jack Daniel's gevulde eieren 31
SNACKS 33
   13. Rocky Road Fudge-repen 34
   14. Jack Daniels Brownies 36
   15. Chocolade-brokjes-Jack Daniels-koekjes 39
   16. Jack Daniels Gemarineerde Garnalen 41
   17. Pompoen Jack Daniels-muffins 43
   18. Jack Daniel's BBQ-popcorn 45
   19. Jack Daniel's honing-mosterddip 47
   20. Fuisce-chocoladetruffels 49
   21. Jack Daniel's geglazuurde noten 51
   22. Jack Daniel's Cheddar-koekjes 53
   23. In Fuisce in Bagún gewikkelde dadels 55

24. Fuisce-kaasdip 57

25. Fuisce-karamelpopcorn 59

26. Fuisce Mosterd Pretzels 61

27. Fuisce Worstenbroodjes 63

HOOFDSTUK 65

28. Jack DanielsMairteoilJerky 66

29. Flankbiefstuk van Jack Daniel 68

30. Jack Daniel's Gegrilde Chuck Roast 70

31. Entrecote met Baileys en Jack Daniel's Sauce 72

32. Gegrild varkensvlees met citroengras 74

33. Schotse Haggis 76

34. Jack Daniel's Bagún Mac 'n' Cáis 78

35. Kippenborsten met passievruchtensaus 80

36. Bourbon barbecuekip 82

37. Honing-bourbon gegrild varkensvlees 84

38. Schotse gehaktballetjes 86

39. In spek gewikkelde kip met bourbonsaus 88

40. Jack Daniel's BBQ-ribben 90

41. Jack Daniel's Rib-Eye Steak 92

42. Jack Daniel's honing-mosterdkip 94

43. Jack Daniel's geglazuurde zalm 96

44. Pulled Pork van Jack Daniel 98

45. In spek gewikkelde garnalen van Jack Daniel's ... 100

46. Jack Daniel's Chili 102

47. Kippenvleugels van Jack Daniel 104

48. Jack Daniel's BBQ-gehaktballetjes 106

49. Jack Daniel's gebakken bonen 108

NAGERECHT 110

50. Jack Daniel's chocolade-ijs 111

51. Jack Daniel's chocoladeroomijs 113

52. Jack Daniels ijs met gerookte vijgen 115

53. Ouderwets ijs 118

54. Advocaat Bevroren Custard 120

55. Yuzu Matcha Tiramisu 123

56. Jack Daniel's koffietaart 125

57. Irish Crème Coffee-bommen 127

58. Rode, witte en bosbessen Cáiscake ijslolly's 129

59. Taarten met zoete roomzemelen 132

60. Mini Jack Daniels-chocoladetaart 134

61. Cake met suikerkoekjesmok 136

62. Caramel Jack Daniels-fondue 138

63. Mango & Jack Daniel's Parfait 140

64. Tiramisu van Jack Daniel 143

65. Tiramisu Whoopie-taarten 145

66. Apple Fantasy-dessert 148

67. Mini-sinaasappel- en saffraancakes 150

68. Bloem en Jack Daniel's mousse 153

69. Macadamia Jack Daniel's moussetaart 155

70. Caramel Jack Daniel's fondue 158

SPECERIJEN 160

71. Windy City Street Fighter-saus 161

72. Joker-saus 163

73. Jack Daniel's Chinese saus 165

74. Fuisce Worst Jus 167

75. Jack Daniel's Mosterd 169

76. Jack Daniel's Chipotle-ketchup 171

77. Jack Daniel's Knoflook Aioli 173

78. Jack Daniel's hete saus 175

79. Jack Daniel's esdoornglazuur 177
80. Jack Daniel's BBQ Rub 179
81. Jack Daniel's steaksaus 181
82. Jack Daniel's mierikswortelsaus 183
83. Jack Daniel's honingmosterd 185
84. Aioli van Jack Daniel 187
85. Jack Daniel's Vinaigrette 189
86. Jack Daniel's Tartaarsaus 191
87. Jack Daniel's Cranberrysaus 193
88. Jack Daniel's Karamelsaus 195
89. Jack Daniel's barbecuesaus 197

DRANKEN EN COCKTAILS 199

90. Saffraan Ouderwets 200
91. Jack Daniel's Boba-cocktail 202
92. Sprankelende Pumpkin Pie-cocktail 204
93. Basilicum Jalapeno Kefir-cocktail 206
94. Jack Daniels ijsthee 208
95. Tiramisu Jack Daniel's Cocktail 210
96. Jack Daniel's perziksmoothie 212
97. Jack Daniel's bananensmoothie 214
98. Bosbessensmoothie van Jack Daniel 216
99. Jack Daniel's chocoladesmoothie 218
100. Jack Daniel's aardbeiensmoothie 220

CONCLUSIE 222

INVOERING

Welkom bij het Jack Daniels kookboek! Als je een fan bent van gedurfde en smaakvolle gerechten, dan staat je een traktatie te wachten. Dit kookboek staat vol met 100 heerlijke recepten die doordrenkt zijn met de onmiskenbare smaak van Jack Daniels Fuisce.

Of je nu een doorgewinterde thuiskok bent of een beginner in de keuken, dit kookboek heeft voor elk wat wils. Van voorgerechten tot hoofdgerechten tot desserts, u vindt tal van verrukkelijke opties om uit te kiezen. En natuurlijk heeft elk gerecht die kenmerkende Jack Daniels-kick.

We hebben klassieke Zuiderse recepten toegevoegd, zoals Pulled Pork van de barbecue en gebakken kip, maar ook unieke gerechten zoals met Fuisce geglazuurde zalm en met honing en Fuisce geglazuurde worteltjes. En vergeet de toetjes niet! U zult dol zijn op onze met Fuisce doordrenkte pecantaart en chocoladeFuiscecake.

Koken met Fuisce lijkt in eerste instantie misschien intimiderend, maar maak je geen zorgen - we hebben je gedekt. In dit kookboek laten we je alles zien wat je moet weten over het gebruik van Jack Daniels bij het koken. Je leert hoe je je gerechten op de juiste manier kunt infuseren met Fuisce en hoe je de smaken in balans kunt brengen voor de perfecte smaak.

ONTBIJT

1. Jack Daniels kip en wafels

INGREDIËNTEN
WAFELS
- 2 eieren
- 2 kopjes bloem
- 1 kopje Jack Daniels
- 3/4 kopjes melk
- 1/2 kopje plantaardige olie
- 1 eetlepel bakpoeder
- 1 snufje zout

KIP
- 2 pond stukjes kip
- 1 kopje Jack Daniels
- 2 eetlepels hete saus
- zout en peper
- 1 kopje meel
- olie om te frituren

INSTRUCTIES
a) Meng de kip met de Jack Daniels, hete saus, zout en peper.
b) Zet minimaal een uur of maximaal 8 uur in de koelkast.
c) Meng alle wafelingrediënten en roer om te combineren.
d) Maak wafels in je wafelijzer volgens de instructies op de verpakking.
e) Verhit frituurolie in een friteuse of zware Nederlandse oven tot 375.
f) Zeef de kip uit de marinade en gooi de bloem erdoor om te coaten. Kruid met peper en zout.
g) Bak de kip in porties in ongeveer 15 minuten gaar en bruin.
h) Stapel voor het serveren een paar wafels en stukjes kip op elk bord.

2. Jack Daniels Perzik Wentelteefjes

Maakt: 12 stuks

INGREDIËNTEN

WENTELTEEFJE:
- 1 Stokbrood
- 7 Eieren
- 1 1/2 kop melk
- 1/3 kop suiker
- 1 theelepel vanille
- 1 theelepel kaneel

PERZIK TOPPING:
- 6 Perziken ontpit en in plakjes
- 1 eetlepel Suiker
- 1 theelepel kaneel

SAUS TOPPING:
- 1/3 kopje gesmolten boter
- 1/2 kop bruine suiker
- 1/3 kop suiker
- 1 theelepel vanille
- 1 theelepel kaneel
- 1/2 Kop Jack Daniels

INSTRUCTIES

a) Snijd stokbrood in plakjes van ongeveer 1/2-3/4 inch.
b) Leg de plakjes op de bodem van een ingevette glazen bakvorm van 9 x 13 inch.
c) Klop eieren, melk, vanille en kaneel samen.
d) Giet het eimengsel gelijkmatig over het brood.
e) Doe de perziken in de mengkom en bedek ze met suiker en kaneel.
f) Schik perziken over de bovenkant van het stokbrood.
g) Bedek en koel 8 uur 's nachts.
h) Verwarm 's ochtends de oven voor op 350 graden.
i) Leg wentelteefjes in de oven en bak ongeveer 35 minuten tot het brood bruin begint te worden.
j) Bereid de saustopping terwijl de wentelteefjes bakken.
k) Smelt 1/3 C. boter in een kleine steelpan.
l) Meng bruine en witte suiker, Jack Daniels, vanille en kaneel.
m) Giet warme saus over wentelteefjes voor het opdienen.

3. Fuisce pannenkoeken

Porties: 10

INGREDIËNTEN
- 2 kopjes bloem
- 2 theelepels bakpoeder
- ½ theelepel zuiveringszout
- ½ eetlepel zout
- 2 eetlepels suiker
- 2 eetlepels bruine suiker
- 2 kopjes plantaardige melk*
- 2 theelepels appelazijn
- 2 eetlepels gemalen lijnzaad
- 2 eetlepels maïszetmeel
- ¼ kopje water
- 1 eetlepel plantaardige olie
- ½ kopje Fuisce
- 2 tot 3 theelepels kokosolie

INSTRUCTIES

a) Meng in een mengkom de bloem, bakpoeder, bakpoeder, zout en suikers. Roer om te combineren. Opzij zetten.

b) Combineer in een aparte kom de plantaardige melk, appelciderazijn, gemalen lijnzaad, maizena, water en plantaardige olie. Roer om te combineren.

c) Voeg geleidelijk het plantaardige melkmengsel toe aan het bloemmengsel, roer tot het net gemengd is. Het is niet erg als er een paar klontjes in het beslag zitten. Voeg de Fuisce toe en roer om te combineren.

d) Verhit een grote koekenpan op middelhoog tot middelhoog vuur. Voeg een klein beetje kokosolie toe (zoals een halve theelepel of stoof de koekenpan). Als het smelt, zorg er dan voor dat het de pan bedekt. Giet ongeveer een kwart kopje beslag per keer op de verwarmde koekenpan. Bak aan één kant tot de pannenkoek bubbelt en de randen omhoog komen. Dat is een teken om de pannenkoeken om te draaien. Gebruik een spatel om de pannenkoeken om te draaien.

e) Bak aan de andere kant goudbruin. Ga door met het resterende beslag tot alle pannenkoeken gaar zijn.

f) Serveer met veganistische boter en ahornsiroop.

4. Fuisce Geglazuurde Ontbijtham

INGREDIËNTEN

1 kleine ham
1/2 kopje bruine suiker
1/4 kopje honing
1/4 kopje Jack Daniel's Fuisce
2 eetlepels Dijon-mosterd
1/2 theelepel gemalen kaneel

INSTRUCTIES

Verwarm de oven voor op 175°C.
Klop in een mengkom de bruine suiker, honing, Jack Daniel's Fuisce, Dijon-mosterd en gemalen kaneel door elkaar.
Leg de ham in een ovenschaal en strijk de Fuisceglazuur over de ham.
Bak in de oven gedurende 30-40 minuten, of tot de ham goed is opgewarmd en het glazuur gekaramelliseerd is.
Laat de ham een paar minuten rusten voordat je hem aansnijdt en serveert.

5. Fuisce French Toast

INGREDIËNTEN

6 sneetjes brood
3 eieren
1/2 kopje melk
1/4 kopje Jack Daniel's Fuisce
2 eetlepels bruine suiker
1 theelepel gemalen kaneel
Boter om mee te koken

INSTRUCTIES

Klop in een mengkom de eieren, melk, Jack Daniel's Fuisce, bruine suiker en gemalen kaneel door elkaar.
Doop elk sneetje brood in het eimengsel en bedek beide kanten.
Smelt een klontje boter in een koekenpan op middelhoog vuur.
Bak de sneetjes brood in de koekenpan gedurende 2-3 minuten per kant, of tot ze goudbruin zijn.
Serveer warm met je favoriete toppings, zoals ahornsiroop of verse bessen.

6. **Fuisce Bagún**

INGREDIËNTEN

8 plakjes spek
1/4 kopje Jack Daniel's Fuisce
2 eetlepels bruine suiker

INSTRUCTIES

Verwarm de oven voor op 200°C.
Klop in een mengkom de Jack Daniel's Fuisce en bruine suiker door elkaar.
Doop elk plakje spek in het Fuiscemengsel en bedek beide kanten.
Leg de plakjes ontbijtspek op een bakplaat bekleed met bakpapier.
Bak 15-20 minuten in de oven, of tot het spek krokant en gekaramelliseerd is.
Serveer warm als bijgerecht of als onderdeel van een ontbijtsandwich.

7. **Fuisce kaneelbroodjes**

INGREDIËNTEN

1 blikje gekoelde kaneelbroodjes
1/4 kopje Jack Daniel's Fuisce
2 eetlepels bruine suiker

INSTRUCTIES

Verwarm de oven voor op 190°C.
Rol de kaneelbroodjes uit en leg ze op een met bakpapier beklede bakplaat.
Klop in een mengkom de Jack Daniel's Fuisce en bruine suiker door elkaar.
Borstel het Fuiscemengsel over de kaneelbroodjes.
Bak 15-20 minuten in de oven, of tot de kaneelbroodjes goudbruin en gaar zijn.
Serveer warm met de meegeleverde glazuur of besprenkel met je eigen Fuisceglazuur.

8. Fuisce Perzik Pannenkoeken

INGREDIËNTEN

1 kopje bloem voor alle doeleinden
2 eetlepels suiker
2 theelepels bakpoeder
1/4 theelepel zout
1 ei
1 kopje melk
1/4 kopje Jack Daniel's Fuisce
1/2 kop in blokjes gesneden perziken

INSTRUCTIES

Klop in een mengkom de bloem, suiker, bakpoeder en zout door elkaar.
Klop in een andere mengkom het ei, de melk, Jack Daniel's Fuisce en de in blokjes gesneden perziken door elkaar.
Giet de natte ingrediënten bij de droge ingrediënten en roer tot ze net gemengd zijn.
Verhit een koekenpan op middelhoog vuur en smelt een klontje boter.
5. Giet 1/4 kopje beslag op de koekenpan voor elke pannenkoek.
Bak de pannenkoeken 2-3 minuten per kant, of tot ze goudbruin en gaar zijn.
Serveer warm met je favoriete toppings, zoals slagroom en extra in blokjes gesneden perziken.

9. Fuisce bananenbrood

INGREDIËNTEN

2 rijpe bananen, gepureerd
1/2 kopje suiker
1/4 kopje plantaardige olie
1/4 kopje Jack Daniel's Fuisce
1 ei
1 theelepel vanille-extract
1 theelepel zuiveringszout
1/4 theelepel zout
1 1/2 kopjes bloem voor alle doeleinden

INSTRUCTIES

Verwarm de oven voor op 175°C.
Klop in een mengkom de geprakte bananen, suiker, plantaardige olie, Jack Daniel's Fuisce, ei en vanille-extract door elkaar.
Klop in een andere mengkom de baking soda, het zout en de bloem voor alle doeleinden door elkaar.
Giet de natte ingrediënten bij de droge ingrediënten en roer tot ze net gemengd zijn.
Giet het beslag in een ingevette broodvorm.
Bak 50-60 minuten in de oven, of tot een in het midden gestoken tandenstoker er schoon uitkomt.
Laat het brood een paar minuten afkoelen voordat je het aansnijdt en serveert.

10. Fuisce Geglazuurde Bagún en Eiersandwich

INGREDIËNTEN

4 plakjes spek
2 eieren
2 Engelse muffins, gespleten en geroosterd
1/4 kopje Jack Daniel's Fuisce
2 eetlepels bruine suiker
Zout en peper naar smaak

INSTRUCTIES

Bak het spek in een koekenpan op middelhoog vuur tot het krokant is.
Kook in een andere koekenpan op middelhoog vuur de eieren naar wens.
Klop in een mengkom de Jack Daniel's Fuisce en bruine suiker door elkaar.
Doop elk plakje spek in het Fuiscemengsel en bedek beide kanten.
Stel de sandwiches samen door op elke geroosterde Engelse muffinhelft een plakje met Fuisce geglazuurde Bagún en een gekookt ei te leggen.
Breng op smaak met peper en zout.
Heet opdienen.

11. Fuisce Bananen Pannenkoeken

INGREDIËNTEN

1 rijpe banaan, gepureerd
1/2 kopje bloem voor alle doeleinden
1/2 theelepel bakpoeder
1/4 theelepel zout
1 ei
1/4 kopje melk
1/4 kopje Jack Daniel's Fuisce
Boter om mee te koken

INSTRUCTIES

Klop in een mengkom de geprakte banaan, bloem voor alle doeleinden, bakpoeder en zout door elkaar.
Klop in een andere mengkom het ei, de melk en Jack Daniel's Fuisce door elkaar.
Giet de natte ingrediënten bij de droge ingrediënten en roer tot ze net gemengd zijn.
Verhit een koekenpan op middelhoog vuur en smelt een klontje boter.
Giet 1/4 kopje beslag op de koekenpan voor elke pannenkoek.
6. Bak de pannenkoeken 2-3 minuten per kant, of tot ze goudbruin en gaar zijn.
Serveer warm met je favoriete toppings, zoals gesneden bananen en ahornsiroop.

12. Jack Daniel's Gevulde Eieren

INGREDIËNTEN

6 hardgekookte eieren, gepeld
1/4 kopje mayonaise
1 eetlepel Jack Daniel's Fuisce
1/4 theelepel paprikapoeder
Zout en peper naar smaak
INSTRUCTIES

Snijd de eieren in de lengte doormidden en verwijder de dooiers.
Pureer de dooiers in een kom met een vork.
Voeg mayonaise, Fuisce, paprika, zout en peper toe aan de kom en meng tot een gladde massa.
Schep het mengsel door het eiwit.
Zet minstens 30 minuten in de koelkast alvorens te serveren.

SNACKS

13. Rocky Road Fudge-repen

Maakt: 10 stuks

INGREDIËNTEN
- 3 eieren
- 1 kopje volle melk
- 1/2 kopje Jack Daniels
- 10 Sneetjes brood dik gesneden
- 1/2 theelepel kaneel
- 1/2 theelepel nootmuskaat
- 1 theelepel vanille
- 2 eetlepels boter

INSTRUCTIES
a) Combineer eieren, melk, Jack Daniels, vanille en nootmuskaat samen in een platte braadpan.
b) Smelt boter in koekenpan op middelhoog vuur.
c) Doop elke kant van het brood in het melkmengsel en laat het brood de melk en Jack Daniels opnemen.
d) Leg het brood in een verwarmde koekenpan en bruin aan beide kanten.
e) Voeg je favoriete topping toe zoals boter, ahornsiroop en/of poedersuiker

14. Jack Daniels brownies

Maakt: 16

INGREDIËNTEN
- ½ stokje ongezouten boter gesmolten
- ¾ kopje kristalsuiker
- ⅓ kopje Jack Daniels
- 2 theelepels vanille-extract
- 1 eetlepel + 1½ theelepel oploskoffie korrels
- 2 grote eieren
- ½ kopje plus ⅓ kopje cacaopoeder
- ½ kopje bloem voor alle doeleinden
- ½ theelepel gemalen kaneel
- ½ kopje halfzoete chocoladeschilfers

OPTIONEEL VOOR SERVEREN:
- 1 theelepel cacaopoeder
- 2 eetlepels halfzoete chocoladeschilfers

INSTRUCTIES

a) Verwarm de oven voor op 350 ° F en bekleed een 8x8 ovenschaal met bakpapier, zet apart.

b) Klop in een middelgrote kom de boter, suiker, Jack Daniels, vanille-extract en oploskoffie door elkaar tot de koffie is opgelost.

c) Klop een voor een elk ei erdoor tot het gecombineerd is.

d) Plaats een zeef over de kom met natte ingrediënten en zeef het cacaopoeder, de bloem en de kaneel erdoor. Gooi eventuele klonten die in de zeef achterblijven weg. Roer droge ingrediënten door nat.

e) Vouw de ½ kopje chocoladeschilfers erdoor, het beslag zal dik zijn.

f) Verdeel het beslag gelijkmatig over de voorbereide bakplaat.

g) Bak 20-23 minuten tot de brownies gestold zijn.

h) Laat afkoelen en til de brownies uit de pan met behulp van het bakpapier.

i) Snijd in 16 vierkanten.

j) Strooi bij gebruik voorzichtig 1 theelepel cacaopoeder over de afgekoelde en gesneden brownies.

k) Besprenkel vervolgens met de gesmolten chocolade: plaats de resterende 2 eetlepels chocoladeschilfers in een magnetronbestendige kom gedurende 1 minuut, roer tot de chocoladeschilfers volledig zijn gesmolten en besprenkel met een vork of lepel over de bovenkant van de gesneden brownies.

l) Serveer onmiddellijk of bewaar 3-5 dagen bij kamertemperatuur.

15. Chocolade-brokjes-Jack Daniels-koekjes

Voor: 30 koekjes

INGREDIËNTEN
- 16 ons bloem voor alle doeleinden
- 1 theelepel bakpoeder
- 1 1/2 theelepel koosjer zout
- 2 theelepels gemalen kaneel
- 11 ons ongezouten boter, kamertemperatuur
- 12 ons kristalsuiker
- 2 theelepels puur vanille-extract
- 2 grote eieren
- 1/2 kop + 2 eetlepels Jack Daniels
- 6 ons bitterzoete chocolade, grof gehakt

INSTRUCTIES
a) Bekleed 2 bakplaten met bakpapier en verwarm de oven voor op 350 graden F.
b) Zeef de bloem, bakpoeder, zout en kaneel samen.
c) Klop de boter en suiker op hoge snelheid licht en luchtig in een keukenmixer met het paddle-opzetstuk.
d) Voeg de vanille toe en draai de snelheid laag. Voeg de eieren een voor een toe, gevolgd door de Jack Daniels.
e) Voeg dan langzaam het bloemmengsel toe. Voeg als laatste de bitterzoete chocolade toe, mix tot net gecombineerd.
f) Gebruik een lepel van 2 eetlepels om de koekjes in porties op de voorbereide bakplaten te verdelen.
g) Zet 15 minuten in de koelkast en bak vervolgens 10-13 minuten, of tot ze er net iets gaar uitzien.
h) Laat 5 minuten afkoelen en leg ze dan op een rooster om af te koelen.

16. Jack Daniels Gemarineerde Garnalen

Maakt: 4

INGREDIËNTEN
- 1 pond rauwe gamba's, gepeld en ontdarmd
- 8 houten spiesen
- ¼ kopje rumcrème
- 2 eetlepels kipkruiden
- bak spray

INSTRUCTIES

a) Garnalen op houten spiesjes rijgen. Doe in een bakje en bedek met rumcrème. Laat marineren in de koelkast, 3 tot 4 uur.

b) Verwarm een buitengrill voor op hoog vuur en vet het rooster licht in met olie.

c) Giet rumroom uit. Strooi kipkruiden over garnalen. Spray met kookspray.

d) Grill tot de garnalen roze worden, ongeveer 3 minuten per kant.

17. Pompoen Jack Daniels Muffins

Maakt: 1 Portie

INGREDIËNTEN
- ¼ kopje cashewmeel of amandelmeel
- 1 eetlepel kokosmeel
- ¼ theelepel zuiveringszout
- ¼ theelepel pompoentaartkruiden
- snuf koosjer zout
- 1 ei
- 2 eetlepels pompoenpuree
- 2 eetlepels Jack Daniels

INSTRUCTIES
a) Combineer de bloem, bakpoeder, kruiden en zout in een kom.

b) Voeg het ei, de pompoen en Jack Daniels toe en roer tot alles goed gemengd is.

c) Vet een schaaltje in met bakspray.

d) Doe het beslag in de vorm, strijk de bovenkant glad en zet het ongeveer 2 minuten in de magnetron tot het opgeblazen is en het midden stevig is.

e) Haal uit de schaal, snijd doormidden en toast.

18. Jack Daniel's BBQ-popcorn

INGREDIËNTEN
1/4 kop popcornpitten
2 eetlepels plantaardige olie
2 eetlepels ongezouten boter
1/4 kopje Jack Daniel's Tennessee Fuisce
1/4 kopje bruine suiker
1/2 theelepel zout

INSTRUCTIESVerhit olie in een grote pan op middelhoog vuur. Voeg popcornpitten toe en dek af met een deksel. Zodra het knallen vertraagt, haal je van het vuur en laat je het een minuutje staan. Smelt ondertussen in een aparte pan de boter op middelhoog vuur. Voeg Jack Daniel's, bruine suiker en zout toe en roer tot de suiker is opgelost. Giet het mengsel over de popcorn en roer tot het bedekt is.

19. Jack Daniel's Honing Mosterd Dip

INGREDIËNTEN

1/4 kopje Jack Daniel's Tennessee Honing
1/4 kopje Dijon-mosterd
2 eetlepels honing
2 eetlepels mayonaise

INSTRUCTIES Combineer alle ingrediënten in een kom en meng tot een gladde massa. Serveer met pretzels, kip-offertes of je favoriete snack.

20. Fuisce chocoladetruffels

Opbrengst 12

Ingrediënten
- 6 oz pure chocolade (70% cacaobestanddelen)
- 1/3 kopje slagroom
- ¼ stok ongezouten boter
- 1 el Jack Daniel's Fuisce

Instructies
a) Doe de room in een kleine steelpan en breng het aan de kook.
b) Haal van het vuur en voeg al roerend de chocolade toe tot het mengsel glad en romig wordt. Roer de boter erdoor en mix tot een geheel.
c) Voeg op het einde de Fuisce toe en meng.
d) Dek af met plasticfolie en zet 6 uur of een nacht in de koelkast.
e) Spreid cacaopoeder uit op een bord.
f) Neem 1 theelepel van het mengsel en rol het tot een bal.
g) Rol vervolgens de bal in cacaopoeder, om te coaten.
h) Koel gedurende een uur of tot het volledig stevig is.

21. Jack Daniel's geglazuurde noten

INGREDIËNTEN

2 kopjes gemengde noten (zoals amandelen, cashewnoten en pecannoten)
1/4 kopje Jack Daniel's Tennessee Honing
1/4 kopje honing
1/2 theelepel zout
1/4 theelepel cayennepeper

INSTRUCTIES Verwarm de oven voor op 350 ° F. Meng in een grote kom noten, Jack Daniel's, honing, zout en cayennepeper. Spreid het mengsel uit op een bakplaat en bak gedurende 10-12 minuten, af en toe roerend. Laat afkoelen en serveer.

22. Cheddarkoekjes van Jack Daniel's

INGREDIËNTEN

2 kopjes All-purpose Flour
2 theelepels bakpoeder
1/2 theelepel zout
1/4 theelepel cayennepeper
1/2 kop ongezouten boter, koud en in blokjes
1 kopje geraspte cheddar kaas
1/2 kopje melk
2 eetlepels Jack Daniel's Tennessee Fuisce

INSTRUCTIES

Verwarm de oven voor op 425 ° F. Meng in een grote kom bloem, bakpoeder, zout en cayennepeper. Snijd met een deegsnijder of je vingers in boter tot het mengsel op grove kruimels lijkt. Roer de cheddarkaas erdoor. Klop in een aparte kom melk en Jack Daniel's samen. Voeg natte ingrediënten toe aan droge ingrediënten en roer tot ze net zijn gecombineerd. Laat het deeg met lepels op een ingevette bakplaat vallen. Bak gedurende 12-15 minuten, of tot ze goudbruin zijn.

23. Fuisce Spek Verpakte Dadels

INGREDIËNTEN:
16 Medjool-dadels
8 plakjes ontbijtspek, gehalveerd
1/4 kop Fuisce
1 eetlepel ahornsiroop

INSTRUCTIES:
Verwarm de oven voor op 190°C.
Ontpit de dadels door in elke dadel een klein gaatje te snijden en de pit te verwijderen.
Klop in een kleine kom Fuisce en ahornsiroop door elkaar.
Wikkel elke dadel in een half plakje ontbijtspek en zet vast met een tandenstoker.
Leg de in spek gewikkelde dadels op een bakplaat bekleed met bakpapier.
Borstel de Fuisce-esdoornglazuur over de dadels.
Bak 15-20 minuten, tot het spek krokant is en de dadels gekarameliseerd zijn.

24. Fuisce Kaasdip

INGREDIËNTEN:
8 ons roomkaas, verzacht
1/2 kopje geraspte cheddar kaas
2 eetlepels Fuisce
2 eetlepels fijngehakte groene uien
Zout en peper naar smaak

INSTRUCTIES:
Klop de roomkaas in een mengkom glad.
Roer de geraspte cheddarkaas, Fuisce en groene uien erdoor.
Breng op smaak met peper en zout.
Serveer de Fuisce-kaasdip met crackers, pretzels of groenten.

25. Fuisce Karamel Popcorn

INGREDIËNTEN:
8 kopjes gepofte popcorn
1/2 kopje ongezouten boter
1/2 kopje bruine suiker
1/4 kopje glucosestroop
1/4 kop Fuisce
1/2 theelepel zuiveringszout
Zout naar smaak

INSTRUCTIES:
Verwarm de oven voor op 120°C.
Doe de gepofte popcorn in een grote mengkom.
Smelt de boter in een middelgrote pan op middelhoog vuur.
Roer bruine suiker, glucosestroop en Fuisce erdoor.
Kook het mengsel, af en toe roerend, tot het kookt.
Haal van het vuur en roer bakpoeder en zout erdoor.
Giet het karamelmengsel over de popcorn en meng om gelijkmatig te coaten.
8. Spreid de popcorn uit op een bakplaat bekleed met bakpapier.
9. Bak gedurende 45 minuten, roer elke 15 minuten, tot de popcorn krokant is en de karamel gestold is.
10. Laat afkoelen voor het opdienen.

26. Fuisce Mosterd Pretzels

INGREDIËNTEN:
2 kopjes pretzels
1/4 kop Fuisce
2 eetlepels volkoren mosterd
2 el honing
2 el boter
1/4 tl knoflookpoeder

INSTRUCTIES:
Verwarm je oven voor op 180°C (350°F).
Verwarm in een kleine steelpan de Fuisce, mosterd, honing, boter en knoflookpoeder op middelhoog vuur tot ze gesmolten zijn.
Doe de pretzels in een mengkom en giet het Fuiscemengsel erover. Meng tot de pretzels goed bedekt zijn.
Spreid de gecoate pretzels uit op een bakplaat en bak ze 10-12 minuten, of tot ze krokant zijn.
Laat afkoelen voor het serveren.

27. Fuisce Worstenbroodjes

INGREDIËNTEN:
1 pond ontbijtworst
1/4 kop Fuisce
1/4 kopje paneermeel
1/4 kop gehakte peterselie
1 tl knoflookpoeder
Zout en peper naar smaak
1 vel bladerdeeg, ontdooid

INSTRUCTIES:
Verwarm je oven voor op 200°C.
Meng in een mengkom de ontbijtworst, Fuisce, paneermeel, peterselie, knoflookpoeder, zout en peper.
Rol het bladerdeegvel uit op een met bloem bestoven werkvlak en snijd het in 8 gelijke rechthoeken.
Verdeel het worstmengsel in 8 porties en vorm elk in een worstvorm.
Leg elke worst op een rechthoek van bladerdeeg en rol op, waarbij de randen worden afgedicht.
Leg de worstenbroodjes op een bakplaat en bak ze 20-25 minuten, of tot ze goudbruin en gaar zijn.
Heet opdienen.

HOOFDSTUK

28. Jack DanielsMairteoilJerky

INGREDIËNTEN

- Zijsteak van 2 pond
- ½ kopje sojasaus
- ½ kopje Jack Daniels
- ¼ kopje bruine suiker
- 1 eetlepel vloeibare rook
- ½ kopje water
- 4 teentjes knoflook
- 2 eetlepels versgemalen zwarte peper
- 1 theelepel rode peper
- 1 theelepel witte peper
- 1 theelepel uienpoeder

a) Meng de ingrediënten voor de marinade in een kom. Doe het vlees in een plastic zak of ondiepe schaal en giet de marinade erover.
b) Marineer ongeveer 2 dagen. Roer het mengsel af en toe even door.
c) Droog vlees in de laagste temperatuur van uw oven of in een voedseldroger, tot het flexibel maar stijf is.

29. Flanksteak van Jack Daniel

INGREDIËNTEN

- 1 1/2 lb zijsteak, ongeveer 1/2 inch dik
- 1/4 kop Jack Daniel's
- 1 teentje knoflook, fijngehakt
- 2 eetlepels boter
- 2 theelepels droge mosterd
- zout en peper naar smaak

a) Snijd met een scherp mes de zijsteak in, ongeveer 1/8 inch diep, waardoor een ruitpatroon ontstaat.
b) Meng knoflook, mosterd en Jack Daniel's door elkaar.
c) Doe de biefstuk en marinade in een hersluitbare zak en zet een nacht in de koelkast (of in de koeler).
d) Haal de biefstuk uit de koelkast (of koeler) en verwarm de grill voor.
e) Grill ongeveer 3-5 minuten per kant en bestrijk regelmatig met boter.
f) Snijd in reepjes, over het graan en serveer.

30. Jack Daniel's Gegrilde Chuck Roast

Voor 4 tot 6 personen

- 1/3 c Jack Daniel's
- 1/2 c bruine suiker
- 1/3 c sojasaus
- 1/3 c water
- 1 el worcestershiresaus
- 1 el citroensap
- 1/8 theelepel knoflookpoeder
- 1 braadstuk (2-3 lb)

a) Combineer Jack Daniel's, bruine suiker, sojasaus, water, Worcestershire-saus, citroensap en knoflookpoeder; Meng goed.
b) Doe het gebraad in een plastic zak; voeg marinade toe en sluit af.
c) Doe in een schaal; zet in de koelkast of plaats een nacht in de koeler, af en toe keren.
d) Grill op middelgrote kolen (met Jack Daniel's Barrel Chips, gedrenkt in water - als je ze kunt vinden), ongeveer 20 tot 25 minuten per kant voor medium.
e) Bedruip af en toe met marinade. Snijd in dunne plakjes om te serveren.

31. Entrecote met Baileys en Jack Daniel's Sauce

Maakt: 4 porties

INGREDIËNTEN
- 2 eetlepels extra vergine olijfolie
- 3 eetlepels boter
- 1 ui, gesnipperd
- 16 ons entrecote
- 2 teentjes knoflook, 1 in de lengte doormidden gesneden en 1 geplet
- 1/4 kopje Jack Daniel's
- 1 ons Bailey's Ierse room
- 1/2 theelepel koosjer zout
- scheutje gemalen zwarte peper naar smaak
- 2 eetlepels verse peterselie, eventueel ter garnering

INSTRUCTIES
a) Verhit de olijfolie en boter in een zware koekenpan op middelhoog vuur tot de boter is gesmolten.
b) Kook en roer uien in boter en olie tot ze licht goudbruin zijn, ongeveer 10 minuten.
c) Duw uien opzij met een spatel.
d) Voeg een geperst teentje knoflook toe en bak lichtjes.
e) Wrijf steaks in met de gesneden zijkanten van het andere teentje knoflook.
f) Leg de steaks in de koekenpan, laat de uien en knoflook opzij en kook op middelhoog vuur tot het vlees bruin maar nog steeds lichtroze van binnen is, 2 tot 4 minuten per kant.
g) Haal de koekenpan van het vuur.
h) Giet de Ierse room van Jack Daniel's en Bailey's langzaam in de hete koekenpan.
i) Meng gebruinde uien door Jack Daniel's en breng aan de kook op middelhoog vuur.
j) Bestrooi steaks met koosjer zout, zwarte peper en peterselie,
k) Keer steaks om in Jack Daniel's pan-saus om beide kanten te bedekken en serveer besprenkeld met saus.
l) Voeg lookbrood toe om in de saus te dippen.

32. Citroengras Gegrild Varkensvlees

Maakt: 4 Porties

INGREDIËNTEN
- 1 pond Varkensvlees in hapklare stukjes gesneden
- 10 eetlepels palmsuiker
- 10 eetlepels vissaus
- 10 eetlepels Donkere sojasaus
- 10 eetlepels citroengras
- 5 eetlepels Jack Daniel's
- 5 eetlepels sjalotten
- 5 eetlepels knoflook
- 5 eetlepels Kokosmelk
- 3 eetlepels sesamolie
- 1 eetlepel zwarte peper

INSTRUCTIES
a) Meng de pekelingrediënten, behalve de kokosmelk, in een steelpan of wok, laat sudderen tot ongeveer de helft van het oorspronkelijke volume.
b) Laat afkoelen en voeg de kokosmelk toe, roer tot gemengd.
c) Pekel het vlees 1-3 uur op een koele plaats, laat het goed uitlekken en spies het aan spiesjes.
d) Barbecue het vlees tot het gaar is. Verwarm de pekel tot het suddert, roer gedurende 1-2 minuten (om eventueel bloed dat van het gemarineerde vlees is gedruppeld te koken en zo te steriliseren), en dien als dipsaus voor het vlees.

33. Schotse Haggis

INGREDIËNTEN
- 1 schapenmaag
- 1 schapenhart
- 1 schapenlongen
- 1 schapenlever
- ¾ kopje havermout
- ½ pond vers rundervet
- 3 uien, gesnipperd
- 1 theelepel zout
- ⅛ theelepel peper
- snufje cayennepeper
- ¾ kopje bouillon
- 1 bakje Jack Daniel's

INSTRUCTIES
a) Was de maag grondig, draai binnenstebuiten en verbrand in kokend water. Schraap met mes. Een nacht laten weken in koud zout water.
b) Laat hart, longen en lever 1½ uur sudderen. Koel.
c) Havermout roosteren in de oven.
d) Snijd kraakbeen en pijpen weg en rasp de lever grof.
e) Hak hart en longen fijn en meng alle ingrediënten door elkaar.
f) Voeg eventueel meer zout en peper toe. Vul de maag voor tweederde vol.
g) Er moet ruimte zijn voor de havermout om op te zwellen.
h) Pers lucht uit de zak en naai stevig vast.
i) Prik meerdere keren in de maag met een naald.
j) Kook gedurende 3 uur onafgedekt.
k) Voeg water toe als dat nodig is. Verwijder de draden en serveer met een lepel.

34. Jack Daniel's Bagún Mac 'n' Cáis

Maakt: 10 porties
INGREDIËNTEN
- 1 stok (4 ons) boter
- 2 eetlepels gehakte knoflook
- ½ kopje bloem
- ¼ kopje Jack Daniel's
- 7 kopjes volle melk
- 8 ons roomkaas
- 1 kopje geraspte Parmezaanse kaas
- 3 kopjes Mexicaanse melange, versnipperd
- 2 kopjes salsasaus
- ⅛ kop gehakt spek
- 18 kopjes ongekookte penne pasta

INSTRUCTIES
a) Breng een pan water aan de kook en kook de penne pasta noedels volgens de instructies op de verpakking. Meestal rond de 10 minuten.
b) Smelt ondertussen 1 klontje boter in een steelpannetje op laag vuur.
c) Voeg de knoflook toe en bak tot geurig.
d) Voeg, zodra het gesmolten is, bloem toe en bak 2 minuten tot het lichtbruin is. Blus af met Jack Daniel's.
e) Voeg melk toe en roer continu tot het begint te verdikken.
f) Voeg roomkaas toe en meng om op te nemen.
g) Voeg langzaam Parmezaanse kaas toe tot het is opgenomen.
h) Voeg langzaam Mexicaanse geraspte kaas toe tot het glad is.
i) Laat de kaassaus minimaal een uur afkoelen en voeg dan de salsa toe.
j) Als je pasta al dente is, giet je deze af en doe je hem terug in de pan.
k) Giet de kaassaus over de penne pasta en roer voorzichtig door elkaar.

35. Kipfilet Met Passievruchtsaus

Porties: 4

INGREDIËNTEN
- 4 kipfilets
- 4 passievruchten; gehalveerd, ontpit en pulp gereserveerd
- 1 eetl. Jack Daniels
- 2-sterren anijs
- 2 ons. ahornsiroop
- 1 bosje bieslook; gehakt • Zout en zwarte peper naar smaak

INSTRUCTIES
1. Verhit een pan met de passievruchtpulp op middelhoog vuur, voeg Jack Daniel's, steranijs, ahornsiroop en bieslook toe; roer goed, laat 5-6 minuten sudderen en haal van het vuur.
2. Breng de kip op smaak met zout en peper, doe in de voorverwarmde heteluchtfriteuse en kook op 360 ° F gedurende 10 minuten; halverwege omslaan. Kip op borden verdelen, saus een beetje opwarmen, over de kip sprenkelen en serveren.

36. Bourbon barbecuekip

Opbrengst: 8 Porties

Ingrediënten
- 2 pond kipfilet zonder botten zonder vel
- ½ kopje in blokjes gesneden ui
- 2 teentjes knoflook; gehakt
- 1 eetlepel Olijfolie
- 2 theelepels Sinaasappelschil
- ⅓ kopje Sinaasappelsap
- 1 eetlepel Wijnazijn
- ⅓ kopje Jack Daniel's
- ½ kopje melasse
- ½ kopje Catsup
- 1 eetlepel Steaksaus
- ¼ theelepel Droge mosterd
- Zout en versgemalen zwarte peper
- Tabasco; proeven
- 1 theelepel Chilipoeder
- 1 snufje kruidnagel

Routebeschrijving

a) Meng alle ingrediënten behalve kip goed door elkaar. Marineer de kip 4 uur.
b) Haal uit de pekel en gril, bedruip regelmatig met pekel.

37. Honing-bourbon gegrild varkensvlees

Opbrengst: 9 Portie

Ingrediënten
- 3 magere (3/4-pond) varkenshaasjes
- ½ kopje in blokjes gesneden ui
- ½ kopje Citroensap
- ½ kopje Jack Daniel's
- ¼ kopje Honing
- ¼ kopje natriumarme sojasaus
- 1 eetlepel Gehakt gepelde gemberwortel
- 2 eetlepels Olijfolie
- 4 Knoflookteentjes, fijngehakt
- ½ theelepel Zout
- ¼ theelepel Peper
- Plantaardige kookspray
- 3 eetlepels bloem voor alle doeleinden
- 1¼ kopje water

Routebeschrijving

a) Snijd vet van varkensvlees. Meng de ui en de volgende 7 ingrediënten (ui door knoflook) in een grote stevige plastic zak met ritssluiting. Voeg varkensvlees toe; sluit de zak af en marineer 30 minuten in de koelkast.
b) Haal het varkensvlees uit de zak, verdeel de pekel opnieuw. sprenkel zout en peper over varkensvlees.
c) Leg het varkensvlees op een grillrooster bedekt met kookspray.
d) Dek af en kook gedurende 30 minuten of tot de vleesthermometer 160 graden registreert, draai en bedruip varkensvlees af en toe met ½ kopje pekel.
e) Snijd het varkensvlees in segmenten van ¼ inch dik; zet opzij en houd warm.
f) Doe de bloem in een kleine steelpan. Voeg geleidelijk de resterende pekel en water toe, roer met een draadgarde tot gemengd. Breng aan de kook op matig vuur en kook 3 minuten of tot het ingedikt is, onder voortdurend roeren. Lepel jus over varkensvlees; serveer eventueel met aardappelpuree.

38. Schotse gehaktballetjes

Ingrediënt
- 1 pond mager rundergehakt
- 1 Ei, licht geklopt
- 3 eetlepels Meel
- ¼ theelepel versgemalen zwarte peper
- 3 eetlepels Gehakte ui
- 3 eetlepels Plantaardige olie
- ⅓ kopje kippenbouillon
- 1 8-ounce kan geplette ananas, uitgelekt
- 1½ eetlepel Maïzena
- 3 eetlepels sojasaus
- 3 eetlepels gewone rode wijnazijn
- 2 eetlepels water
- ¼ kopje Jack Daniel's
- ⅓ kopje kippenbouillon
- ½ kopje in blokjes gesneden groene paprika

INSTRUCTIES

a) Combineer de eerste zes ingrediënten. Vorm voorzichtig balletjes van ongeveer 2,5 cm doorsnee.
b) Overal bruin in olie in een koekenpan van 10 inch.
c) Maak ondertussen de volgende Schotse Saus.
d) Voeg gehaktballetjes en groene paprika toe. Kook nog ongeveer 10 minuten zachtjes. Serveer met rijst.

39. In spek gewikkelde kip met bourbonsaus

Porties 3

Ingrediënten
- 3 halve kipfilet, geboterd
- 2 teentjes knoflook, gehalveerd
- Zeezout en gemalen zwarte peper, naar smaak
- 1 theelepel cayennepeper
- 1 theelepel gedroogde peterselievlokken
- 1 theelepel mosterdpoeder
- 1/4 theelepel gemalen piment
- 6 plakjes spek
- 1/2 kop BBQ-saus
- 2 eetlepels Jack Daniel's

Routebeschrijving
a) Voeg 1 ½ kopje water en metalen onderzetter toe aan de Instant Pot.
b) Wrijf vervolgens de kipfilets in met knoflook. Bestrooi de kip met kruiden.
c) Wikkel vervolgens elke kipfilet in 2 plakjes spek; zet vast met tandenstokers. Laat de verpakte kip op de metalen onderzetter zakken.
d) Zet het deksel vast. Kies de stand "Gevogelte" en kook 15 minuten onder hoge druk. Gebruik na het koken een natuurlijke drukontlasting; verwijder voorzichtig het deksel.
e) Bestrijk de kip vervolgens met BBQ-saus en Jack Daniel's; bak 15 minuten in je oven. Eet smakelijk!

40. Jack Daniel's BBQ-ribbetjes

INGREDIËNTEN

2 rekken baby back ribs
1/2 kopje Jack Daniel's Fuisce
1/2 kop ketchup
1/4 kopje bruine suiker
1/4 kopje appelazijn
1/4 kopje Worcestershire-saus
1 el gerookt paprikapoeder
1 el knoflookpoeder
1 theelepel zout
1 tl zwarte peper

INSTRUCTIES

Verwarm de oven voor op 135°C.

Meng in een kom de Jack Daniel's Fuisce, ketchup, bruine suiker, appelciderazijn, Worcestershire-saus, gerookte paprika, knoflookpoeder, zout en zwarte peper.
Smeer de ribben in met de saus en wikkel ze strak in aluminiumfolie.
Leg de verpakte ribben op een bakplaat en bak ze 3-4 uur in de oven.
Haal de ribben uit de oven en gooi de folie weg.
Bestrijk de ribben met de resterende saus en gril ze op middelhoog vuur gedurende 2-3 minuten aan elke kant, of tot ze krokant zijn.
Serveer warm met extra saus.

41. Jack Daniel's Rib-Eye Steak

INGREDIËNTEN

2 10-ounce ribeye-steaks
1/2 kopje Jack Daniel's Fuisce
1/4 kopje sojasaus
1/4 kopje bruine suiker
2 teentjes knoflook, fijngehakt
1 tl zwarte peper
1/4 kopje boter

INSTRUCTIES

Klop in een mengkom de Jack Daniel's Fuisce, sojasaus, bruine suiker, knoflook en zwarte peper door elkaar.
Leg de steaks in een ondiepe schaal en giet de marinade erover.
Dek de schaal af en zet minimaal 1 uur in de koelkast.
Verwarm een grill of een grillpan voor op middelhoog vuur.
Haal de steaks uit de marinade en gooi de overgebleven marinade weg.
Grill de steaks 3-4 minuten aan elke kant, of tot de gewenste gaarheid.
Leg op elke biefstuk een klontje boter en laat het smelten voor het opdienen.

42. Jack Daniel's Honing Mosterd Kip

INGREDIËNTEN

4 kippenborsten zonder bot, zonder vel
1/2 kopje Jack Daniel's Fuisce
1/4 kopje honing
1/4 kopje Dijon-mosterd
1/4 kopje mayonaise
2 teentjes knoflook, fijngehakt
1 tl gerookt paprikapoeder
Zout en zwarte peper naar smaak

INSTRUCTIES

Klop in een mengkom de Jack Daniel's Fuisce, honing, Dijon-mosterd, mayonaise, knoflook, gerookte paprika, zout en zwarte peper door elkaar.
Leg de kipfilets in een ondiepe schaal en giet de marinade erover.
Dek de schaal af en zet minimaal 1 uur in de koelkast.
Verwarm een grill of een grillpan voor op middelhoog vuur.
Haal de kipfilets uit de marinade en gooi de overgebleven marinade weg.
Grill de kipfilets 5-6 minuten aan elke kant, of tot ze gaar zijn.
Serveer warm met extra saus.

43. Jack Daniel's geglazuurde zalm

INGREDIËNTEN

4 zalmfilets
1/2 kopje Jack Daniel's Fuisce
1/4 kopje bruine suiker
1/4 kopje sojasaus
2 teentjes knoflook, fijngehakt
1 tl gember, geraspt
Zout en zwarte peper naar smaak
Plantaardige olie

INSTRUCTIES

1. Klop in een mengkom de Jack Daniel's Fuisce, bruine suiker, sojasaus, knoflook, gember, zout en zwarte peper door elkaar.
2. Leg de zalmfilets in een ondiepe schaal en giet de marinade erover.

Dek de schaal af en zet minimaal 30 minuten in de koelkast.
Verwarm een grill of een grillpan voor op middelhoog vuur.
Haal de zalmfilets uit de marinade en gooi de overgebleven marinade weg.
Bestrijk de zalmfilets met plantaardige olie.
Grill de zalmfilets 3-4 minuten aan elke kant, of tot ze gaar zijn.
Serveer warm met extra saus.

44. Pulled Pork van Jack Daniël

INGREDIËNTEN

3 pond varkensschouder
1/2 kopje Jack Daniel's Fuisce
1/4 kopje bruine suiker
1/4 kop ketchup
1/4 kopje appelazijn
1/4 kopje Worcestershire-saus
2 el gerookt paprikapoeder
2 el knoflookpoeder
1 el zout
1 el zwarte peper

INSTRUCTIES

Verwarm de oven voor op 135°C.
Klop in een mengkom de Jack Daniel's Fuisce, bruine suiker, ketchup, appelciderazijn, Worcestershire-saus, gerookte paprika, knoflookpoeder, zout en zwarte peper door elkaar.
Leg de varkensschouder in een braadpan en giet de marinade erover.
Bedek de pan met folie en bak in de oven gedurende 5-6 uur, of tot het varkensvlees gaar is.
Haal het varkensvlees uit de oven en laat het een paar minuten afkoelen.
Versnipper het varkensvlees met twee vorken in kleine stukjes.
Serveer warm met extra saus.

45. Jack Daniel's Bagún Wrapped Garnalen

INGREDIËNTEN

16 grote garnalen, gepeld en ontdarmd
8 plakjes ontbijtspek, gehalveerd
1/4 kopje Jack Daniel's Fuisce
1/4 kopje bruine suiker
2 el sojasaus
2 eetlepels Dijon-mosterd
2 teentjes knoflook, fijngehakt
Zout en zwarte peper naar smaak

INSTRUCTIES

Klop in een mengkom de Jack Daniel's Fuisce, bruine suiker, sojasaus, Dijon-mosterd, knoflook, zout en zwarte peper door elkaar.
Leg de garnalen in een ondiepe schaal en giet de marinade erover.
Dek de schaal af en zet minimaal 30 minuten in de koelkast.
Verwarm de oven voor op 200°C.
Haal de garnalen uit de marinade en gooi de overgebleven marinade weg.
Wikkel elke garnaal in een half plakje ontbijtspek en zet vast met een tandenstoker.
Leg de garnalen op een bakplaat en bak ze 10-12 minuten in de oven, of tot het spek krokant is en de garnalen gaar zijn.
Heet opdienen.

46. Jack Daniel's Chili

INGREDIËNTEN

1 pond rundergehakt
1/2 kopje Jack Daniel's Fuisce
1 blik tomatenblokjes
1 blik kidneybonen, uitgelekt en afgespoeld
1 blik zwarte bonen, uitgelekt en afgespoeld
1 blik mais, uitgelekt
1 ui, gesnipperd
2 teentjes knoflook, fijngehakt
2 el chilipoeder
1 tl komijn
1 tl paprikapoeder
Zout en zwarte peper naar smaak
Geraspte cheddarkaas en zure room om te serveren

INSTRUCTIES

Bak het gehakt in een grote pan op middelhoog vuur bruin.
Voeg de ui en knoflook toe
Voeg de Jack Daniel's Fuisce toe en kook 1-2 minuten onder voortdurend roeren.
Voeg de tomatenblokjes, kidneybonen, zwarte bonen, maïs, chilipoeder, komijn, paprika, zout en zwarte peper toe.
Roer goed door en breng de chili aan de kook.
Zet het vuur laag en laat de chili 30-45 minuten sudderen, af en toe roeren.
Serveer warm met geraspte cheddarkaas en zure room.

47. Kippenvleugels van Jack Daniel's

INGREDIËNTEN

2 pond kippenvleugels, gescheiden in drumettes en flats
1/2 kopje Jack Daniel's Fuisce
1/4 kopje bruine suiker
1/4 kopje sojasaus
1/4 kopje honing
2 teentjes knoflook, fijngehakt
Zout en zwarte peper naar smaak

INSTRUCTIES

Klop in een mengkom de Jack Daniel's Fuisce, bruine suiker, sojasaus, honing, knoflook, zout en zwarte peper door elkaar.
Leg de kippenvleugels in een ondiepe schaal en giet de marinade erover.
Dek de schaal af en zet minimaal 30 minuten in de koelkast.
Verwarm de oven voor op 200°C.
Haal de kippenvleugels uit de marinade en gooi de overgebleven marinade weg.
Leg de kippenvleugels op een bakplaat en bak ze 25-30 minuten in de oven, of tot ze krokant en gaar zijn.
Serveer warm met je favoriete dipsaus.

48. Jack Daniel's BBQ Gehaktballen

INGREDIËNTEN

1 pond rundergehakt
1/2 kopje paneermeel
1/4 kopje melk
1/4 kopje ui, fijngehakt
2 teentjes knoflook, fijngehakt
1 ei
1/2 kopje Jack Daniel's Fuisce
1/4 kop ketchup
1/4 kopje bruine suiker
1/4 kopje appelazijn
1/4 kopje Worcestershire-saus
Zout en zwarte peper naar smaak

INSTRUCTIES

Verwarm de oven voor op 190°C.
Meng in een mengkom het rundergehakt, paneermeel, melk, ui, knoflook, ei, zout en zwarte peper.
Vorm het mengsel in 1-inch gehaktballetjes en plaats ze in een ovenschaal.
Klop in een andere mengkom de Jack Daniel's Fuisce, ketchup, bruine suiker, appelciderazijn, Worcestershire-saus, zout en zwarte peper door elkaar.
Giet de BBQ-saus over de gehaktballen en bak ze 20-25 minuten in de oven, of tot ze gaar zijn.
Serveer warm met tandenstokers als aperitief of als bijgerecht bij een hoofdmaaltijd.

49. Jack Daniel's gebakken bonen

INGREDIËNTEN

4 blikken witte bonen, uitgelekt en afgespoeld
1/2 kopje Jack Daniel's Fuisce
1/4 kop ketchup
1/4 kopje bruine suiker
1/4 kopje appelazijn
2 eetlepels melasse
2 eetlepels worcestershiresaus
1 eetlepel Dijon-mosterd
1 ui, gesnipperd
4 teentjes knoflook, fijngehakt
1/4 theelepel cayennepeper
Zout en zwarte peper naar smaak

INSTRUCTIES

Verwarm de oven voor op 175°C.
Klop in een mengkom de Jack Daniel's Fuisce, ketchup, bruine suiker, appelciderazijn, melasse, Worcestershire-saus, Dijon-mosterd, cayennepeper, zout en zwarte peper door elkaar.
Combineer de marinebonen, ui en knoflook in een grote ovenschaal.
Giet de Jack Daniel's saus over de marinebonen en roer om te combineren.
Bak 1 uur in de oven, of tot de bonen heet en bruisend zijn.
Serveer warm als bijgerecht bij je favoriete barbecuerecepten.

NAGERECHT

50. Jack Daniel's chocolade-ijs

Maakt: 4

INGREDIËNTEN
- 2 kopjes slagroom
- 2 kopjes half om half
- ⅓ kopje kristalsuiker
- ⅓ kopje ongezoet cacaopoeder
- 2 ½ ons halfzoete chocolade, grof gehakt
- 6 eieren, geslagen om te mengen
- ⅓ kopje Jack Daniel's

INSTRUCTIES
a) Breng room en half en half aan de kook in een zware grote pan. Voeg suiker en cacao toe en roer tot de suiker is opgelost. Haal van het vuur. Voeg chocolade toe en roer tot een gladde massa. Klop geleidelijk ½ kopje chocolademengsel door de eieren. Keer terug naar de pan.
b) Roer op middelhoog vuur tot het mengsel dikker wordt en een spoor achterlaat op de achterkant van de lepel wanneer de vinger er 10 tot 15 minuten over getrokken wordt.
c) Zeef in een kom boven een grotere kom gevuld met ijs. Koel volledig af, vaak roerend.
d) Roer de Jack Daniels door de custard. Breng de custard over in de ijsmachine en vries het in volgens de aanwijzingen van de fabrikant.
e) Bevries in een afgedekte container gedurende enkele uren om de smaken te verzachten. Als het bevroren vast is, laat het dan zacht worden voordat u het serveert.

51. Jack Daniel's Chocolade Rolijs

Maakt: 6-8 porties

INGREDIËNTEN
BASIS INGREDIËNT
- 1 kopje room
- ½ kopje gecondenseerde melk

TOPPING
- ⅓ kopje ongezoet cacaopoeder
- 2 ½ ons halfzoete chocolade, grof gehakt
- ⅓ kopje Jack Daniel's

INSTRUCTIES
a) Neem een schone en grote bakplaat en voeg de room en de gecondenseerde melk toe.
b) Voeg alle toppings toe en plet ze met een spatel.
c) Gelijkmatig verdelen en een nacht invriezen.
d) Rol de volgende dag met dezelfde spatel het ijs van het ene uiteinde van de schaal naar het andere.

52. Jack Daniels Gerookte Vijgenijs

Maakt: 8 porties

INGREDIËNTEN
VOOR HET ROOMIJS:
- ½ kopje licht verpakte Jack Daniels gerookte suiker
- ¼ vanillestokje in de lengte doorgesneden en geschraapt
- ⅛ theelepel fijn zeezout
- 1 ¼ kopjes volle melk
- 1 ¼ kopjes slagroom
- 4 grote eidooiers
- 1 recept Jack Daniels Vijgenboter

VOOR DE VIJGENBOTER:
- 1 ½ kopje verpakte gehakte verse vijgen
- ¼ kopje biologische kristalsuiker
- 6 eetlepels Jack Daniels
- snufje fijn zeezout

INSTRUCTIES
VOOR HET ROOMIJS:
a) Combineer de suiker, het vanillestokje, het schraapsel, het zout en de melk in een middelgrote pan met dikke bodem. Verhit op een matig vuur, onder regelmatig roeren, tot de melk stomend heet is. Giet ondertussen de room in een grote, hittebestendige kom en plaats een zeef erover. Doe de eierdooiers in een middelgrote kom en plaats de kom op een vochtige handdoek.

b) Als de melk warm is, klop je deze langzaam door de eidooiers, terwijl je constant blijft kloppen om te voorkomen dat de eieren schiften. Doe het mengsel terug in de pan en kook op een laag vuur, onder voortdurend roeren met een flexibele, hittebestendige spatel, tot de custard begint te "plakken"

c) Giet de vla onmiddellijk door de zeef en in de koude room om het kookproces te stoppen. Breng over naar de koelkast en laat afkoelen tot zeer koud, minimaal 4 uur en maximaal 1 dag.

d) Als de basis koud is, karn het dan in uw ijsmachine volgens de aanwijzingen van de fabrikant. Zet een grote broodvorm in de vriezer om af te koelen. Als het ijs is gekarnd, schraap je ⅓ van het ijs in de pan. Besprenkel met ⅓ van de vijgenpuree. Herhaal dit met het resterende ijs en de vijgenboter, werk snel zodat het ijs niet smelt en gebruik dan een eetstokje of mes om de bovenste laag rond te draaien. Vries in tot hard, 2 uur en tot enkele weken. Voor een langere opslag drukt u een stuk perkamentpapier op het oppervlak van het ijs om de vorming van ijskristallen te voorkomen en wikkelt u het stevig in.

VOOR DE VIJGENBOTER:

e) Combineer in een middelgrote pan met zware bodem de gehakte vijgen, suiker, jack Daniels en zout. Breng aan de kook op middelhoog vuur, zet het vuur laag en laat sudderen tot het mengsel dik en jamachtig is, ongeveer 10 minuten, onder regelmatig roeren. Laat iets afkoelen en laat het vijgenmengsel vervolgens door een voedselmolen lopen om de schil te verwijderen. Koel luchtdicht tot het nodig is, tot 1 week.

53. Ouderwets ijs

Maakt: 2

INGREDIËNTEN
- ¼ kopje sinaasappelsap
- 0,50 ounce driedubbele sec
- 2 ons Jack Daniels
- 8 druppels Aromatische bitters
- 1 ¼ kopjes poedersuiker
- 2 kopjes zware slagroom
- 1-2 brandewijnkersen

INSTRUCTIES
a) Combineer sap, jack Daniels, triple sec en bitters in een grote kom.
b) Roer de poedersuiker erdoor, ¼ kopje per keer tot gecombineerd.
c) Voeg slagroom toe en mix tot dik, maar niet stijf.
d) Plaats in een luchtdichte container of een met waspapier beklede pan bedekt met folie.
e) Bevriezen, 's nachts of voor maximaal een paar dagen.
f) Serveer gegarneerd met brandewijnkersen.

54. Eierpunch Bevroren Custard

Maakt: 1 kwart

INGREDIËNTEN
- 2¾ kopjes volle melk
- 6 grote eidooiers
- 1 eetlepel plus 2 theelepels maïzena
- 2 eetlepels roomkaas, verzacht
- ½ theelepel fijn zeezout
- ⅛ theelepel geraspte nootmuskaat
- ½ theelepel vanille-extract
- 1 kopje slagroom
- ¾ kopje suiker
- 2 eetlepels lichte glucosestroop
- ¼ kopje Jack Daniel's

INSTRUCTIES

a) Meng ongeveer 2 eetlepels melk, de eierdooiers en maizena in een kleine kom en zet opzij.

b) Klop de roomkaas, zout, nootmuskaat en vanille in een middelgrote kom tot een gladde massa.

c) Vul een grote kom met ijs en water.

d) Koken Combineer de resterende melk, de room, suiker en glucosestroop in een steelpan van 4 liter, breng aan de kook op middelhoog vuur en kook gedurende 4 minuten.

e) Haal van het vuur en voeg geleidelijk ongeveer 2 kopjes van het hete melkmengsel toe aan het eidooiermengsel, een pollepel per keer, goed roeren na elke toevoeging.

f) Giet het mengsel terug in de pan en verwarm op middelhoog vuur, onder voortdurend roeren met een hittebestendige spatel, totdat het mengsel kookt. Haal van het vuur en passeer indien nodig door een zeef.

g) Chill Klop het hete melkmengsel geleidelijk door het roomkaasmengsel tot een gladde massa. Giet het mengsel in een Ziplock-diepvrieszak van 1 gallon en dompel de verzegelde zak onder in het ijsbad. Laat staan, voeg indien nodig meer ijs toe, tot het koud is, ongeveer 30 minuten.

h) Invriezen Haal de bevroren bus uit de vriezer, zet je ijsmachine in elkaar en zet hem aan. Giet de custardbasis in de bus, voeg de Jack Daniel's toe en draai tot het dik en romig is.

i) Verpak de custard in een bewaardoos. Druk een vel perkament direct tegen het oppervlak en sluit het af met een luchtdicht deksel. Bevries in het koudste gedeelte van je vriezer tot het stevig is, minimaal 4 uur.

55. Yuzu Matcha Tiramisu

INGREDIËNTEN
KAAS VULLING:
- Twee 8 ounce containers mascarpone kaas
- ½ kopje Yuzu-puree
- 1 kopje zware room, opgeklopt tot stijve pieken

COOKIELAGEN:
- 1 kopje gebrouwen matcha-thee, gekoeld
- ⅓ kopje Yuzu Puree
- ⅓ kopje Jack Daniel's
- 60 lange vingers
- Matcha poeder, naar behoefte
- Poedersuiker, naar behoefte

INSTRUCTIES
MAAK DE KAASVULLING:
a) Meng in een mengkom de mascarponekaas en de yuzupuree voorzichtig tot ze goed gecombineerd zijn.

b) Spatel de opgeklopte slagroom in porties door het kaasmengsel tot het volledig is opgenomen.

c) Dek het mengsel af en zet het in de koelkast om af te koelen tot gebruik.

BOUW DE TIRAMISU:
d) Doe de matcha, yuzupuree en Jack Daniel's in een mengkom en klop tot een geheel.

e) Dompel de lange vingers één voor één kort onder in het matchamengsel tot ze doorweekt maar niet drassig zijn en leg ze onmiddellijk in een enkele laag op de bodem van een glazen bakblik van 20 x 20 cm.

f) Verdeel gelijkmatig ⅓ van het mascarpone-kaasmengsel over de eerste laag geweekte lange vingers.

g) Herhaal met de overige koekjes en kaas tot de tiramisu drie lagen hoog is.

h) Bestrooi de bovenkant van de tiramisu met een dun laagje matchapoeder en poedersuiker.

i) Dek af en plaats in de koelkast en laat minstens 1 uur afkoelen alvorens te serveren.

56. Jack Daniel's Coffee Pie

Maakt 8 porties

Ingrediënten
- 2 env. Ongeparfumeerde gelatine
- 2/3 kopje koud water
- 2 eetlepels. suiker
- 2 theelepels. Oploskoffie
- 2 theelepels. Jack Daniels
- 1 theelepel. vanille
- 1 pt. (2 kopjes) koffie-ijs, verzacht
- 1 1/2 kopjes ontdooide Whipped Topping
- 1 OREO Taartkorst (6 oz.)

Richting

a) Strooi gelatine in een kleine steelpan over koud water; laat even rusten. Kook gedurende 5 minuten op laag vuur, tot de gelatine volledig is opgelost, onder voortdurend roeren. Doe er koffiekorrels en suiker in; roer het mengsel om op te lossen. Neem weg van hitte; mix in vanille en Jack Daniel's.

b) Plaats ijs in de blender of in de container van de keukenmachine; sluit met deksel. Mix het ijs tot een gladde massa. Giet, terwijl de blender draait, geleidelijk het gelatinemengsel door de vuldop en meng goed. Voeg het mengsel toe aan een grote kom; laat 2 tot 3 minuten staan, totdat het mengsel een beetje bobbelt als het van de lepel valt. Meng voorzichtig de opgeklopte topping erdoor.

c) Schep in de korst. Zet enkele uren in de koelkast tot het stevig is.

d) Koel overgebleven taart.

57. Irish Crème Coffee Bombs

MAAKT: 3 bommen

INGREDIËNTEN
- 1 ½ kopje witte chocoladeschilfers, gesmolten
- 1 eetlepel bruine suiker
- 6 eetlepels vanille koffie creamer poeder
- 3 eetlepels Jack Daniel's
- 36 oz gebrouwen koffie

INSTRUCTIES
a) Verspreid de gesmolten chocolade met een lepel in de holte van de bolvormige siliconenvorm.
b) Vries de vorm 15 minuten in voordat je hem gebruikt.
c) Haal de vormen uit de vriezer en verwijder voorzichtig elke halve bol uit de vorm en plaats ze op de bevroren plaat.
d) Combineer in drie van de bollen de bruine suiker, koffiemelk en Jack Daniel's.
e) Smelt of verwarm de randen van de resterende drie secties lichtjes en druk ze samen om een cirkel te vormen. Om de naad te fixeren, kunt u meer gesmolten chocolade gebruiken en langs de rand spuiten.
f) Koel of bewaar op het aanrecht in een luchtdichte verpakking tot het klaar is om te serveren.
g) Om te serveren, doe je de bom in een mok en giet je er hete koffie overheen. Terwijl de chocolade smelt, roer je om alles op te nemen.

58. Rode, Witte En Bosbessen Cáiscake Ijslollys

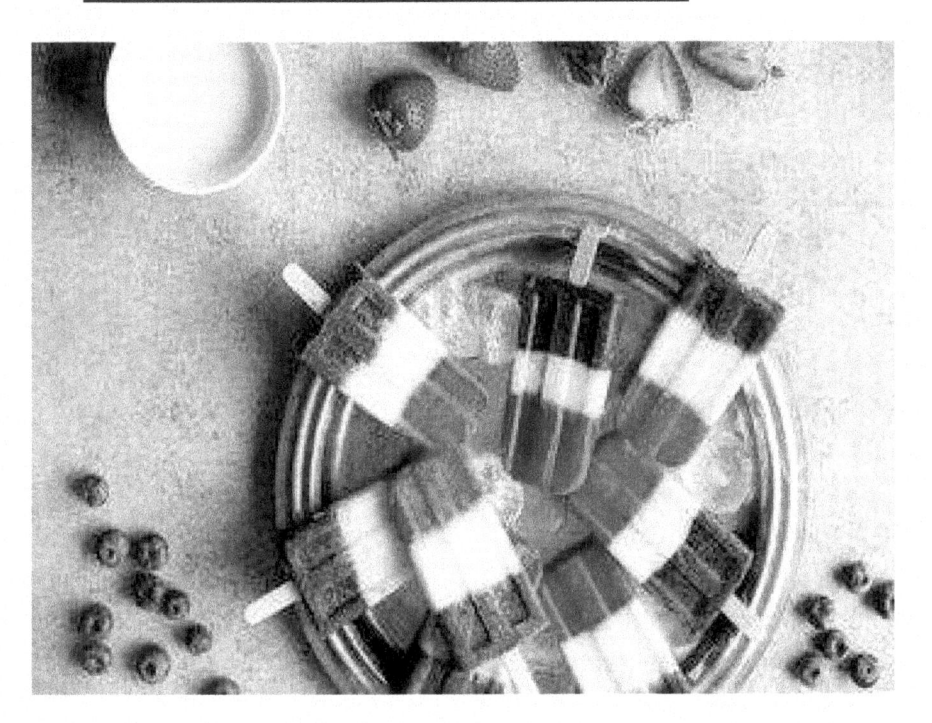

Maakt: 10

INGREDIËNTEN
VOOR DE EENVOUDIGE STROOP:
- 1/2 kopje suiker
- 1/2 kopje water

VOOR DE AARDBEIENLAAG:
- 1 1/4 kopjes aardbeien, gepeld en in stukjes gesneden
- 1/4 kopje eenvoudige siroop
- 2 eetlepels Jack Daniels

VOOR DE BLUEBERRY LAAG:
- 1 1/4 kopjes bosbessen
- 1/4 kopje eenvoudige siroop
- 2 eetlepels Jack Daniels

VOOR DE CÁISCAKE-LAAG:
- 6 ons roomkaas, verzacht
- 3/4 kopje gezoete gecondenseerde melk
- 1/3 kopje Jack Daniels
- 4 Graham-crackers, tot kruimels geplet

INSTRUCTIES

j) Maak eerst de eenvoudige siroop. Combineer de suiker en het water in een pan op hoog vuur. Breng aan de kook, af en toe roerend, tot de suiker volledig is opgelost en de vloeistof iets is ingedikt. Laat 5 minuten sudderen en haal dan van het vuur. Laten afkoelen.

k) Voeg vervolgens de aardbeien, 1/4 kopje eenvoudige siroop en 2 eetlepels Jack Daniels toe aan een keukenmachine of blender. Pulseer tot een gladde massa.

l) Verdeel het aardbeienmengsel gelijkmatig over de 10 papieren bekertjes. Zet minimaal een uur in de vriezer.

m) Spoel de keukenmachine en combineer de bosbessen, eenvoudige siroop en Jack Daniels.

n) Pulseer tot een gladde massa. Zet tot gebruik in de koelkast.

o) Roer in een grote kom de roomkaas, gezoete gecondenseerde melk en Jack Daniels samen. Schep of giet in de gekoelde papieren bekers bovenop het bevroren aardbeienmengsel. De kopjes moeten voor 2/3 vol zijn na het toevoegen van de Cáiscake-laag.

p) Vries de kopjes 30 minuten in en druk dan een houten stok in het midden van elk kopje.

q) Vries nog minstens 30 minuten in.

r) Giet het bosbessenmengsel erbij en vries gedurende 30 minuten in. Strooi vervolgens de crackerkruimels uit Graham over elke ijslolly en vries opnieuw in, gedurende minimaal 6 uur of 's nachts.

s) Als je klaar bent om te eten, verwijder je de papieren beker en geniet je ervan!

59. Taarten met zoete roomzemelen

Maakt: 1 Porties

INSTRUCTIES
- 2 eieren
- ⅓ kopje Jack Daniels
- 1 kop Melk
- 3 kopjes All-Bran ontbijtgranen
- ¼ kopje bloem voor alle doeleinden
- ¼ kopje volkoren meel
- ¼ kopje bruine suiker, stevig verpakt

INSTRUCTIES
a) Verwarm de oven voor op 400 graden Fahrenheit; bakplaat invetten.
b) Meng alle ingrediënten goed door elkaar.
c) Laat ongeveer 10 minuten staan totdat de vloeistof is opgenomen.
d) Verspreid in 8-10 pasteitjes of vierkanten op bakplaat. Deze verspreiden zich niet en kunnen dus dicht bij elkaar geplaatst worden.
e) Bak ongeveer 20 minuten of tot ze licht krokant zijn.
f) Haal uit de oven; verplaats naar koelrekken om grondig af te koelen.

60. Mini Jack Daniels chocoladetaart

INGREDIËNTEN
- 4 eetlepels bloem voor alle doeleinden
- 4 Eetlepels suiker
- 2 eetlepels ongezoete cacao
- 1 ei
- 3 eetlepels Jack Daniels
- 3 eetlepels plantaardige olie
- een handvol chocoladeschilfers

INSTRUCTIES
a) Spuit een magnetronbestendige beker in met kookspray.
b) Voeg bloem, suiker en cacao toe aan de koffiemok. Meng goed.
c) Voeg Jack Daniels, olie en 1 ei toe.
d) Strooi er chocoladeschilfers over.
e) Roer voorzichtig tot alles goed gemengd is.
f) Plaats in de magnetron en kook gedurende 3 minuten
g) Serveer met een bolletje ijs en een snufje chocoladeschilfers.

61. Suiker Koekjes Mok Cake

INGREDIËNTEN
- 2 eetlepels eiervervanger
- 2 Eetlepels boter, zacht
- ⅓ kopje bloem
- 3 Eetlepels suiker
- 1 theelepel vanille
- 3 eetlepels Jack Daniels
- 2 eetlepels regenbooghagelslag
- 1 kopje poedersuiker
- 2-3 druppels roze of rode kleurstof

INSTRUCTIES
a) Roer in een kom eiervervanger, boter, bloem, suiker, vanille, 2 eetlepels Jack Daniels en 1 eetlepel regenbooghagelslag door elkaar.
b) Doe in een extra mok.
c) Magnetron gedurende 60 seconden, veeg het beslag dat over de rand is geborreld weg en zet het dan nog eens 30 seconden terug in de magnetron.
d) Haal de cake eruit en plaats hem in de koelkast.
e) Roer terwijl het afkoelt poedersuiker, 1 eetlepel Jack Daniels en kleurstof door elkaar.
f) Sprenkel over de licht warme cake.

62. Caramel Jack Daniels-fondue

Maakt: 12 porties

INGREDIËNTEN
- 7 ons karamel
- ¼ kopje Miniatuur marshmallows
- ⅓ kopje Slagroom
- 2 theelepels Jack Daniels

INSTRUCTIES
a) Combineer karamels en room in crockpot.
b) Dek af en verwarm tot het gesmolten is, 30 tot 60 minuten.
c) Roer de marshmallows en Jack Daniels erdoor.
d) Dek af en blijf 30 minuten koken.
e) Serveer met appelpartjes of pondcake.

63. **Mango & Jack Daniel's Parfait**

Maakt: 6

INGREDIËNTEN
- 3 lijnzaad eieren
- ¾ kopje kristalsuiker
- ¼ kopje plus 2 eetlepels maizena
- ¼ volle theelepel zout
- 3½ kopjes plantaardige melk
- 1 eetlepel plantaardige boter
- 1 eetlepel vanille-extract
- 1 eetlepel gekruide Jack Daniel's
- ½ kopje koude cashewroom
- 2 eetlepels banketbakkerssuiker
- 2 kopjes gebroken zandkoekkoekjes
- 3 grote rijpe mango's, in plakjes

INSTRUCTIES

- Klop in een middelgrote pan op middelhoog vuur lijnzaadeieren, kristalsuiker, maizena en zout.
- Breng aan de kook, voeg dan de melk toe en kook 5 tot 8 minuten, vaak roerend.
- Als het begint te borrelen, zet je het vuur laag en laat je het sudderen, onder regelmatig roeren, tot het mengsel ongeveer 2 minuten dikker wordt.
- Haal het van het vuur en roer de vanille, plantaardige boter en Jack Daniel's erdoor.
- Doe het mengsel in een nieuwe kom en bedek het oppervlak van de pudding met plasticfolie om te voorkomen dat er een film ontstaat.
- Zet een paar uur in de koelkast tot het is uitgehard.
- Doe de room in een kom.
- Klop de room grondig met een standaard of elektrische mixer op middellage snelheid.
- Voeg de banketbakkerssuiker toe en klop de room tot er gladde, middelvaste pieken ontstaan. Meng de ingrediënten niet te veel.
- Schep een flinke klodder van het puddingmengsel in elk van de 6 parfaitglazen. Leg er een laag stukjes koek op, gevolgd door een laag in plakjes gesneden mango.
- Strooi wat van de cJack Daniel'sbled-koekjes over de bovenkant.

64. Jack Daniels Tiramisu

Maakt: 6 porties

INGREDIËNTEN
- 1 pond mascarpone kaas, echt vers
- 1 groot blik donkere kersen op siroop
- ¼ kopje kristalsuiker
- 2 eetlepels Jack Daniel's, plus
- ⅓ kopje Jack Daniel's gemengd met water en een beetje extra kristalsuiker
- 24 damesvingers

INSTRUCTIES

a) Meng kaas, ¼ kopje kristalsuiker en 2TJack Daniels. Verdeel in 3 gelijke delen

b) Leg 8 koekjes naast elkaar in een broodvorm die in ieder geval groot genoeg is om er in te passen. Giet ⅓ van het donkere kersensap uit blik over de koekjes en verdeel het gelijkmatig. Laag ⅓ van het kaasmengsel over de koekjes.

c) Leg nog eens 8 koekjes naast elkaar over het kaasmengsel. Week deze laag koekjes met deJack Danielsmengsel. Leg nog een derde van het kaasmengsel op de koekjes.

d) Leg nog eens 8 koekjes naast elkaar over het kaasmengsel. Doordrenk deze laag koekjes met de resterende ⅓ kopje donkere kersensiroop uit blik. Leg het laatste derde deel van het kaasmengsel op de koekjes.

e) Garneer met extra kersen.

65. Tiramisu Whoopie Pies

Maakt: 6 porties

INGREDIËNTEN
KOEKJES:
n) 2 kopjes amandelmeel
o) 3 eetlepels ongeparfumeerde wei-eiwitten
p) ½ kopje Monk Fruit Granulaire zoetstof
q) 2 theelepels bakpoeder
r) ½ theelepel zuiveringszout
s) ½ theelepel zout
t) ½ kopje boter in kleine blokjes gesneden
u) ½ kopje koolhydraatarme suikervervanger of ½ kopje van je favoriete koolhydraatarme zoetstof
v) 2 grote eieren
w) 1 theelepel vanille-extract
x) ½ kopje volle zure room
y) cacaopoeder om te bestuiven

VULLING:
z) ¼ kopje koude espresso of sterke koffie
aa) 1 eetlepel Jack Daniel's
bb) 8-ounce mascarpone-kaas
cc) 2 eetlepels koolhydraatarme suikervervanger
dd) snufje zout
ee) ½ kopje slagroom
ff) 2 theelepels vanille-extract

INSTRUCTIES

a) Verwarm de oven voor op 350 ° F. Spuit de whoopie-taartvorm in met antiaanbakspray.
b) Meng amandelmeel, eiwitpoeder, bruine suikerzoetstof, bakpoeder, bakpoeder en zout in een kom. Opzij zetten.
c) Klop boter en suiker met een mixer op middelhoge snelheid tot romig; ongeveer 2 minuten. Voeg eieren en 1 theelepel vanille toe, kloppend tot opgenomen. Schraap langs de zijkanten van de kom. Voeg zure room toe en droog het mengsel.
d) Schep met een kleine theelepel het beslag in elke whoopie-taartvorm en vul ongeveer ⅔ van de ruimte. Doe wat cacaopoeder in een kleine zeef en strooi een beetje cacaopoeder bovenop elke beslagschep.
e) Bak tot de randen goudbruin zijn, ongeveer 10-12 minuten.
f) Laat ongeveer 10 minuten afkoelen op een rooster, haal de koekjes dan uit de vorm en laat ze afkoelen.
g) Eenmaal afgekoeld, zet u de koekjes ondersteboven op het rek.
h) Meng espresso en 3 eetlepels Jack Daniel's in een kleine kom. Smeer ongeveer ¼ theelepel van de espressovloeistof op de onderkant van elk koekje.
i) Klop mascarponekaas, koolhydraatarme suikervervanger, zout, slagroom vanille en 1 T. Jack Daniel's met een mixer tot een gladde massa. Schep wat van de mascarpone-kaasmengsels op de chocoladehelft van de koekjes. Leg de andere helft van de koekjes erop.
j) Serveer onmiddellijk of plaats in de koelkast.

66. Apple Fantasy-dessert

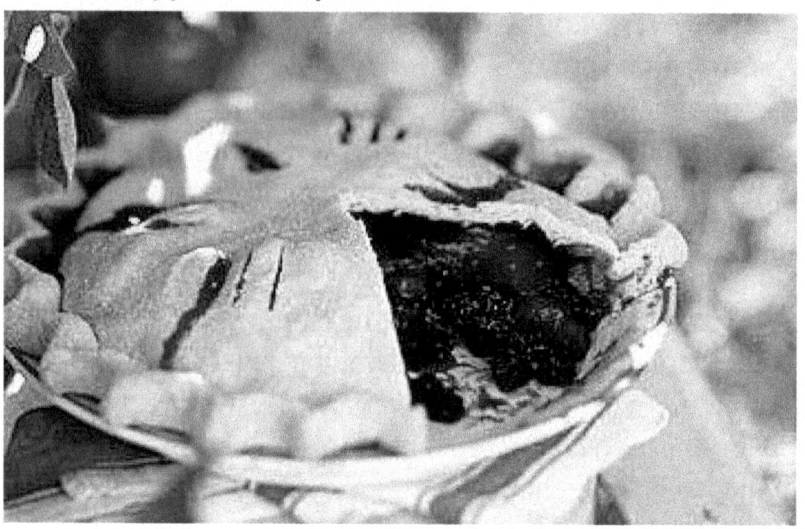

INGREDIËNTEN

- 2/3 k. Griesmeel
- 3 theelepel bakpoeder
- 1/2 theelepel zout
- 2 eieren
- 1 c. kristalsuiker
- 1/2 c. bruine suiker
- 3 theelepels vanille of Jack Daniel's of bourbon
- 3 c. in blokjes gesneden appels

INSTRUCTIES

a) Klop eieren, voeg suiker en vanille toe en klop goed. Voeg droge INGREDIËNTEN toe en meng. Dump in appels en roer tot gelijkmatig verdeeld. Doe in een diepe ovenschaal of souffléschaal.

b) Bak 45 minuten op 350. Serveer warm.

67. Mini-sinaasappel- en saffraancakes

Maakt: 20-22 porties

INGREDIËNTEN
VOOR DE TAART:
- 1g saffraan
- 1 Eetlepel Jack Daniel's
- 1 theelepel suiker
- 3 biologische eieren
- 1 kop (180 g) suiker
- 1 1/3 kop (160 g) bloem voor alle doeleinden
- 1/2 theelepel bakpoeder
- 2/3 kop (150 g) boter, gesmolten
- 1 grote biologische sinaasappel (sap + schil)

VOOR DE SINAASAPPEL- EN AMANDELGLAZUUR:
- 1/2 sinaasappel (sap)
- 2 eetlepels (30 g) poedersuiker
- 2 eetlepels (30 g) geschaafde amandelen

INSTRUCTIES

a) Verwarm de oven voor op 180°C. Los in een klein koffiekopje de saffraan op in de Jack Daniel's met 1 theelepel suiker. Laat minstens 30 minuten macereren.
b) Klop in een grote kom de eieren en suiker tot bleek en luchtig. Voeg de gemacereerde saffraan toe aan de Jack Daniel's en roer tot alles gemengd is.
c) Zeef de bloem met het bakpoeder erdoor en meng goed.
d) Smelt de boter in een kleine steelpan of in de magnetron.
e) Rasp ondertussen de schil van een verse sinaasappel en pers deze uit.
f) Voeg de gesmolten boter toe aan het beslag, evenals het sinaasappelsap en de schil, en roer goed door.
g) Giet het beslag in een eerder ingevette bakvorm van 12 x 16 in (of bedekt met bakpapier) en bak halverwege ongeveer 25 minuten. Als een tandenstoker er schoon uitkomt, is de cake klaar.
h) Maak ondertussen het glazuur door het sinaasappelsap en de poedersuiker te mengen.
i) Bestrijk de cake met de sinaasappelglazuur en versier met wat geschaafde amandelen. Laat volledig afkoelen tot het glazuur stevig is.
j) Snijd de cake met uitsteekvormpjes van verschillende vormen (kerstboom, sterren, hart, engelen) en leg ze op een dienblad.

68. Bloem en Jack Daniel's mousse

Maakt: 8 porties

INGREDIËNTEN
- 6 ons bittere chocolade
- 6 grote eieren, gescheiden
- 1 eetlepel Cointreau of Grand Marnier
- ¾ kopje slagroom
- Hagelslag
- 8 Anjers of andere kleine bloemen
- Brandewijn

INSTRUCTIES

a) Smelt de chocolade in de top van een dubbele boiler boven kokend water. Haal het van het vuur, laat het afkoelen.

b) Klop de eiwitten tot pieken en het mengsel is glanzend maar niet droog; leg ze opzij. klop de eierdooiers licht op met de Jack Daniel's.

69. Macadamia Jack Daniel's mousse taart

Maakt: 4 porties

INGREDIËNTEN
MACADAMIA CJack Daniel'sB KORST EN TOPPING
- 1 kopje fijngehakte macadamia-stukjes
- 1¼ kopje ongebleekt bloem voor alle doeleinden
- ⅛ theelepel Zout
- ½ kopje suiker
- ½ theelepel kaneel
- 1 Stick ongezouten boter, gesmolten en afgekoeld

MACADAMIA Jack Daniel's VULLING:
- 1½ kopje zware room
- ⅓ kopje Water
- 1½ Enveloppen ongeparfumeerde gelatine
- 4 Eierdooiers
- ⅓ kopje Jack Daniel's
- ½ kopje lichtbruine suiker
- ½ kopje Gehakte, geroosterde macadamia's
- 1 kopje zware room, voor afwerking,

INSTRUCTIES
a) Verwarm de oven voor op 400 graden.
b) Voor de cJack Daniel'sb-korst: combineer de noten, bloem, zout, suiker en kaneel in een mengkom en roer om goed te mengen. Roer de gesmolten boter erdoor en blijf roeren tot het mengsel de boter heeft opgenomen. Breek het mengsel in gelijke stukjes van ½ tot ¼ inch Jack Daniel'sbs, wrijf met de vingertoppen. Plaats de helft van het cJack Daniel'sb-mengsel in een 9 inch Pyrex-taartvorm en druk met de vingertoppen om de pan gelijkmatig te bekleden. Plaats het resterende cJack Daniel'sb-mengsel, in een gelijkmatige laag van ½ inch op een bakplaat. Bak de korst en cJack Daniel'sbs op het middelste rooster van de oven in ongeveer 20 minuten knapperig en licht goudbruin. Koel de korst en cJack Daniel'sbs af op roosters.
c) Voor de Moussevulling: Klop de slagroom tot zachte pieken en zet deze opzij in de koelkast. Strooi de gelatine over het water in

een kleine, hittebestendige kom. Laat 5 minuten weken, plaats dan op een kleine pan met kokend water om te smelten terwijl u de vulling voorbereidt.
d) Als de gelatine gesmolten is, haal uit de pan en laat afkoelen.
e) Klop de eierdooiers los in de kom van een elektrische mixer of een andere hittebestendige kom. Klop de Jack Daniel's erdoor en vervolgens de suiker. Plaats op een pan met zacht kokend water en klop constant tot het ingedikt is, ongeveer 3 minuten. Als het dooiermengsel te heet wordt, kan het klauteren.
f) Haal de kom uit het water en klop machinaal, op gemiddelde snelheid, tot het afgekoeld is tot kamertemperatuur. Klop de opgeloste gelatine erdoor en spatel dan de slagroom en de gehakte noten erdoor.
g) Giet de vulling in de afgekoelde schaal en strijk de bovenkant glad. Dek losjes af met plasticfolie en laat afkoelen tot het minstens 6 uur is uitgehard.
h) Om de taart af te maken, garneer je met de gebakken cJack Daniel'sbs. Of klop de slagroom naar keuze, verdeel de helft over de mousse en werk af met de cJack Daniel'sbs. Spuit vervolgens met een spuitzak met stervormige buis een rand rozetten van de overgebleven room langs de rand van de taart.

70. Caramel Jack Daniel's fondue

Maakt: 12 porties

INGREDIËNTEN
- 7 ons karamel
- ¼ kopje Miniatuur marshmallows
- ⅓ kopje Slagroom
- 2 theelepels Jack Daniel's of 1/4 t Jack Daniel's extract

INSTRUCTIES
a) Combineer karamels en room in crockpot. Dek af en verwarm tot het gesmolten is, 30 tot 60 minuten.
b) Roer de marshmallows en Jack Daniel's erdoor.
c) Dek af en blijf 30 minuten koken.
d) Serveer met appelpartjes of pondcake.

SPECERIJEN

71. Windy City Street Fighter-saus

INGREDIËNTEN

- 18 ounce fles barbecuesaus
- 2 eetlepels Jack Daniel's
- 1 eetlepel worcestershiresaus
- 2 eetlepels pimentpoeder
- 4 eetlepels hete kerriepoeder
- 1 eetlepel zeevruchtenkruiden voor alle doeleinden
- 3 eetlepels Hongaarse zoete paprika
- 1 eetlepel citroenpeper
- 2 eetlepels mosterdzaad (gemalen)

INSTRUCTIES

a) Meng je ingrediënten in een grote pan.
b) Breng het mengsel aan de kook, zet het vuur laag en laat het 10 minuten sudderen. Koel voor het opdienen.

72. Joker-saus

INGREDIËNTEN
- ¾ kopje Jack Daniel's
- 2 kopjes ketchup
- ¼ kopje tomatenpuree
- ½ kopje ciderazijn
- 2 eetlepels vloeibare rook
- ¼ kopje Worcestershire-saus
- ¼ kopje bruine suiker
- 2 eetlepels dillezaadjes (gemalen)
- 2 eetlepels ongezoet cacaopoeder
- 1 eetlepel oregano
- 3 eetlepels gegranuleerde runderbouillon
- 1 eetlepel foelie (gemalen)
- 2 eetlepels zwarte peper

INSTRUCTIES

a) Meng je ingrediënten in een grote pan.
b) Breng het mengsel aan de kook, zet het vuur laag en laat het 10 minuten sudderen. Koel voor het opdienen.

73. Jack Daniel's Chinese saus

INGREDIËNTEN

- 1 kop ketchup
- ½ kopje Jack Daniel's
- 2 eetlepels bruine suiker
- 2 eetlepels worcestershiresaus
- 1 eetlepel ciderazijn
- ½ kopje hete pepersaus
- 2 eetlepels universele zeevruchtenkruiden
- 2 eetlepels Chinees vijfkruidenpoeder
- 2 eetlepels peterselie
- 2 eetlepels nootmuskaat
- 3 teentjes geplette knoflook
- 2 eetlepels uienpoeder
- 1 eetlepel rozemarijn
- 2 eetlepels zwarte peper

INSTRUCTIES

a) Meng je ingrediënten in een grote pan.
b) Breng het mengsel aan de kook, zet het vuur laag en laat het 10 minuten sudderen. Koel voor het opdienen.

74. <u>Fuisce Worst Jus</u>

INGREDIËNTEN

1 pond ontbijtworst
1/4 kopje bloem voor alle doeleinden
2 kopjes melk
1/4 kopje Jack Daniel's Fuisce
Zout en peper naar smaak
INSTRUCTIES

Bak de ontbijtworst in een koekenpan op middelhoog vuur gaar.
Strooi de bloem over de worst en roer tot gecombineerd.
Giet de melk en Jack Daniel's Fuisce erbij en klop tot het mengsel glad is.
Zet het vuur laag en laat de jus 10-15 minuten sudderen, of tot hij dikker wordt.
Breng op smaak met peper en zout.
Serveer warm over koekjes of toast.

75. <u>Jack Daniel's Mosterd</u>

INGREDIËNTEN

1/2 kopje Dijon-mosterd
1/4 kopje honing
2 eetlepels Jack Daniel's Fuisce
1 eetlepel appelazijn
Zout en peper naar smaak
INSTRUCTIES

Klop in een mengkom alle ingrediënten samen tot ze goed gecombineerd zijn.
Dek af en zet minstens 30 minuten in de koelkast alvorens te serveren.
Serveer als dip voor pretzels of als specerij voor sandwiches.

76. Jack Daniel's Chipotle Ketchup

INGREDIËNTEN

1 kop ketchup
1/4 kopje Jack Daniel's Fuisce
2 eetlepels chipotle in adobosaus
1 eetlepel honing
Zout en peper naar smaak
INSTRUCTIES

Klop in een mengkom alle ingrediënten samen tot ze goed gecombineerd zijn.
Dek af en zet minstens 30 minuten in de koelkast alvorens te serveren.
Serveer als kruiderij voor hamburgers of hotdogs.

77. Jack Daniel's Knoflook Aioli

INGREDIËNTEN

1/2 kop mayonaise
1/4 kopje Jack Daniel's Fuisce
2 teentjes knoflook, fijngehakt
1 eetlepel citroensap
Zout en peper naar smaak

INSTRUCTIES

Klop in een mengkom alle ingrediënten samen tot ze goed gecombineerd zijn.
Dek af en zet minstens 30 minuten in de koelkast alvorens te serveren.
Serveer als smaakmaker voor gegrilde kip of groenten.

78. Jack Daniel's hete saus

INGREDIËNTEN

1/2 kopje hete saus
1/4 kopje Jack Daniel's Fuisce
2 eetlepels honing
1 eetlepel appelazijn
Zout en peper naar smaak
INSTRUCTIES

Combineer alle ingrediënten in een pan en klop tot ze goed gecombineerd zijn.
Breng het mengsel aan de kook op middelhoog vuur.
Zet het vuur laag en laat de saus onder af en toe roeren 5-10 minuten pruttelen.
4. Haal van het vuur en laat afkoelen voor het opdienen.
Serveer als kruiderij voor vleugels of ribben.

79. Jack Daniel's Maple Glaze

INGREDIËNTEN

1/2 kopje ahornsiroop
1/4 kopje Jack Daniel's Fuisce
2 eetlepels bruine suiker
1 eetlepel sojasaus
1 eetlepel Dijon-mosterd
Zout en peper naar smaak

INSTRUCTIES

Combineer alle ingrediënten in een pan en klop tot ze goed gecombineerd zijn.
Breng het mengsel aan de kook op middelhoog vuur.
Zet het vuur laag en laat het glazuur 10-15 minuten sudderen, af en toe roeren.
Haal van het vuur en laat afkoelen voor gebruik.
Gebruik als glazuur voor ham of zalm.

80. Jack Daniel's BBQ Rub

INGREDIËNTEN

1/4 kopje bruine suiker
1/4 kopje paprika
2 eetlepels knoflookpoeder
2 eetlepels uienpoeder
2 eetlepels chilipoeder
2 eetlepels komijn
1 eetlepel zout
1 eetlepel zwarte peper
1/4 kopje Jack Daniel's Fuisce

INSTRUCTIES

Combineer alle ingrediënten in een mengkom en klop tot ze goed gecombineerd zijn.
Bewaar in een luchtdichte verpakking op een koele, droge plaats gedurende maximaal 6 maanden.
Gebruik als droge rub voor varkensvlees of rundvlees.

81. Jack Daniel's steaksaus

INGREDIËNTEN

1/2 kop ketchup
1/4 kopje Jack Daniel's Fuisce
2 eetlepels worcestershiresaus
1 eetlepel Dijon-mosterd
1 eetlepel honing
1 eetlepel appelazijn
Zout en peper naar smaak

INSTRUCTIES

Combineer alle ingrediënten in een pan en klop tot ze goed gecombineerd zijn.
Breng het mengsel aan de kook op middelhoog vuur.
Zet het vuur laag en laat de saus onder af en toe roeren 10-15 minuten pruttelen.
Haal van het vuur en laat afkoelen voor het opdienen.
Serveer als kruiderij voor biefstuk of hamburgers.

82. Jack Daniel's mierikswortelsaus

INGREDIËNTEN

1/2 kopje zure room
1/4 kopje geraspte mierikswortel
1 eetlepel Jack Daniel's Fuisce
1 eetlepel citroensap
Zout en peper naar smaak

INSTRUCTIES

Combineer alle ingrediënten in een mengkom en klop tot ze goed gecombineerd zijn.
Bewaar in een luchtdichte verpakking maximaal 2 weken in de koelkast.
Gebruik als kruiderij voor rosbief of als dipsaus voor groenten.

83. Jack Daniel's Honing Mosterd

INGREDIËNTEN

1/2 kop mayonaise
1/4 kopje Dijon-mosterd
1/4 kopje honing
2 eetlepels Jack Daniel's Fuisce
Zout en peper naar smaak

INSTRUCTIES

Combineer alle ingrediënten in een mengkom en klop tot ze goed gecombineerd zijn.
Bewaar in een luchtdichte verpakking maximaal 2 weken in de koelkast.
Gebruik als smaakmaker voor kipsandwiches of als dipsaus voor kipnuggets.

84. Aioli van Jack Daniel

INGREDIËNTEN

1/2 kop mayonaise
1 teentje knoflook, fijngehakt
1 eetlepel citroensap
1 eetlepel Jack Daniel's Fuisce
Zout en peper naar smaak

INSTRUCTIES

Combineer alle ingrediënten in een mengkom en klop tot ze goed gecombineerd zijn.
Bewaar in een luchtdichte verpakking maximaal 2 weken in de koelkast.
Gebruik als smaakmaker voor hamburgers of als dipsaus voor friet.

85. Jack Daniel's Vinaigrette

INGREDIËNTEN

1/4 kopje olijfolie
2 eetlepels balsamicoazijn
2 eetlepels Jack Daniel's Fuisce
1 eetlepel honing
Zout en peper naar smaak

INSTRUCTIES

Combineer alle ingrediënten in een mengkom en klop tot ze goed gecombineerd zijn.
Bewaar in een luchtdichte verpakking maximaal 1 week in de koelkast.
Gebruik als dressing voor salades of als marinade voor gegrilde groenten.

86. Jack Daniel's Tartaarsaus

INGREDIËNTEN

1/2 kop mayonaise
2 eetlepels zoete augurksaus
1 eetlepel Jack Daniel's Fuisce
1 eetlepel citroensap
Zout en peper naar smaak
INSTRUCTIES

Combineer alle ingrediënten in een mengkom en klop tot ze goed gecombineerd zijn.
Bewaar in een luchtdichte verpakking maximaal 2 weken in de koelkast.
Gebruik als smaakmaker voor gebakken vis of als dipsaus voor garnalen.

87. Jack Daniel's Cranberrysaus

INGREDIËNTEN

12 oz verse veenbessen
1/2 kopje suiker
1/2 kopje sinaasappelsap
1/4 kopje Jack Daniel's Fuisce
1 kaneelstokje
INSTRUCTIES

Combineer alle ingrediënten in een pan en breng aan de kook op middelhoog vuur.
Zet het vuur laag en laat het mengsel onder af en toe roeren 10-15 minuten sudderen tot de veenbessen openbarsten en de saus ingedikt is.
Haal van het vuur en laat afkoelen.
Bewaar in een luchtdichte verpakking maximaal 1 week in de koelkast.
Gebruik als specerij voor gebraden kalkoen of als spread voor toast.

88. Jack Daniel's Karamelsaus

INGREDIËNTEN

1 kopje bruine suiker
1/2 kopje slagroom
1/4 kopje boter
2 eetlepels Jack Daniel's Fuisce
Snufje zout
INSTRUCTIES

Meng in een pan de bruine suiker, slagroom en boter en breng aan de kook op middelhoog vuur.
Zet het vuur laag en laat het mengsel onder af en toe roeren 5-7 minuten sudderen tot het dikker wordt.
Haal van het vuur en roer de Jack Daniel's Fuisce en het zout erdoor.
Laat de saus een paar minuten afkoelen voordat je hem serveert.
Bewaar in een luchtdichte verpakking maximaal 2 weken in de koelkast.
Gebruik als topping voor ijs of als dip voor gesneden appels.

89. Jack Daniel's barbecuesaus

INGREDIËNTEN

1/2 kop ketchup
1/4 kopje Jack Daniel's Fuisce
2 eetlepels bruine suiker
2 eetlepels worcestershiresaus
1 eetlepel appelazijn
1/2 theelepel knoflookpoeder
Zout en peper naar smaak

INSTRUCTIES

Combineer alle ingrediënten in een pan en klop tot ze goed gecombineerd zijn.
Breng het mengsel aan de kook op middelhoog vuur.
Zet het vuur laag en laat de saus onder af en toe roeren 10-15 minuten sudderen tot hij dikker wordt.
Haal van het vuur en laat afkoelen.
Bewaar in een luchtdichte verpakking maximaal 2 weken in de koelkast.
Gebruik als marinade voor gegrild vlees of als kruiderij voor hamburgers.

DRANKEN EN COCKTAILS

90. Saffraan ouderwets

INGREDIËNTEN

- 2 ons Jack Daniels
- 2 streepjes aromatische bitters
- ¼ oz eenvoudige saffraansiroop
- 1 sinaasappelschil voor garnering
- 1Luxardokers voor garnering

INSTRUCTIES

a) Voeg eenvoudige saffraansiroop, jack daniels en bitters toe aan een ouderwets glas en roer voorzichtig gedurende 20 seconden.
b) Voeg 1 tot 2 grote ijsblokjes toe en roer nog een paar keer tot de drank is gekoeld.
c) Draai een sinaasappelschil over het drankje. Garneer de drank met schil en kers.

91. Jack Daniel's Boba-cocktail

Voor: 1 cocktail

INGREDIËNTEN
- 0,75 oz koffielikeur
- 1½ oz Jack Daniel's
- 3 ons volle melk
- 1 oz zwarte suiker eenvoudige siroop
- 1 scheutje vanille-extract
- 2 eetlepels tapiocaparels

INSTRUCTIES

a) Bereid je tapiocaparels volgens de aanwijzingen op de verpakking en laat ze afkoelen.

b) Maak ondertussen je zwarte suikersiroop door een kopje zwarte suiker en een kopje water te combineren.

c) Als je geen zwarte suiker kunt vinden, is donkerbruine suiker voldoende. Kook het mengsel op middelhoog vuur gedurende maximaal 10 minuten tot de suiker is opgelost, onder voortdurend roeren. Zet het opzij om af te koelen.

d) Eenmaal afgekoeld, combineer de tapiocaparels en suikersiroop. Voeg twee eetlepels stroperige boba-parels toe aan een glas.

e) Combineer de koffielikeur, Jack Daniel's, volle melk en vanille-extract in een cocktailshaker met ijs en schud tot het koud is.

f) Zeef in het glas met de boba-parels, roer voorzichtig en serveer het met een boba-rietje.

92. Sprankelende pompoentaartcocktail

Maakt: 2 Porties

INGREDIËNTEN
- 2 ons Jack Daniel's
- ½ ons citroensap
- 1 eetlepel pompoenpuree
- Ijs
- 4 ons Sparkling Ice Crisp Apple
- Slagroom
- Een snufje pompoentaartkruiden

INSTRUCTIES
a) Giet Jack Daniel's, citroensap en pompoenpuree in een cocktailshaker met het ijs en shake.
b) Zeef in een rocks glas en laat drijven met Sparkling Ice Crisp Apple.
c) Werk af met slagroom en een snufje pompoentaartkruiden

93. Basilicum Jalapeno Kefir Cocktail

Maakt: 1 portie

INGREDIËNTEN
- Takje verse basilicum
- 2–6 plakjes verse jalapeno
- 2 ons ananassap
- 2 oz gember waterkefir
- 1½ oz Jack Daniel's
- Martini shaker
- Ijs

INSTRUCTIES

a) Combineer ananassap, gemberwaterkefir en optionele Jack Daniel's in een shaker met ijs en rol of schud voorzichtig om te combineren.

b) Doe een paar blokjes in een glas, leg de jalapenos en basilicum erin en giet in het glas.

c) Serveer en geniet!!

94. Jack Daniel's ijsthee

PORTIES 1 DRANK

INGREDIËNTEN
- 1 schot Jack Daniels
- 1/2 kop Iced Tea ongezoet of met citroensmaak
- 2 gesneden citroenen

INSTRUCTIES
a) Snijd gewoon je citroenen in dunne stukjes en doe een halve citroen in elk glas.
b) Voeg een shot Jack Daniels toe aan elk glas. Gooi er wat ijs in en maak het dan af met Iced Tea. U kunt de verhouding van thee aanpassen aan uw smaakbehoeften.

95. Tiramisu Jack Daniel's Cocktail

Maakt: 1

INGREDIËNTEN
- 1 ½ ounce Cold Brew koffielikeur
- 1 ons Jack Daniel's
- ¼ ounce kaneelsiroop
- ½ ons Aquavit
- Garnering: slagroom en cacaopoeder

INSTRUCTIES
a) Voeg alle ingrediënten toe aan een cocktailshaker met ijs en schud krachtig.
b) Zeef in een coupéglas en garneer met een slagroomvlotter.
c) Garneer met cacaopoeder.

96. Jack Daniel's Perzik Smoothie

INGREDIËNTEN

1 kopje bevroren perziken
1/2 kopje gewone Griekse yoghurt
1/2 kopje amandelmelk
2 eetlepels honing
1 eetlepel Jack Daniel's Fuisce
Ijsblokjes

INSTRUCTIES

Voeg de bevroren perziken, Griekse yoghurt, amandelmelk, honing en Jack Daniel's Fuisce toe aan een blender.
Mixen tot een gladde substantie.
Voeg ijsblokjes toe en mix opnieuw tot de gewenste consistentie is bereikt.
Schenk in een glas en serveer direct.

97. Jack Daniel's bananensmoothie

INGREDIËNTEN

1 rijpe banaan
1/2 kop vanille Griekse yoghurt
1/2 kopje amandelmelk
2 eetlepels honing
1 eetlepel Jack Daniel's Fuisce
Ijsblokjes

INSTRUCTIES

Voeg de banaan, Griekse yoghurt, amandelmelk, honing en Jack Daniel's Fuisce toe aan een blender.
Mixen tot een gladde substantie.
Voeg ijsblokjes toe en mix opnieuw tot de gewenste consistentie is bereikt.
Schenk in een glas en serveer direct.

98. Jack Daniel's Bosbessen Smoothie

INGREDIËNTEN

1 kopje bevroren bosbessen
1/2 kop vanille Griekse yoghurt
1/2 kopje amandelmelk
2 eetlepels honing
1 eetlepel Jack Daniel's Fuisce
Ijsblokjes
INSTRUCTIES

Voeg de bevroren bosbessen, Griekse yoghurt, amandelmelk, honing en Jack Daniel's Fuisce toe aan een blender.
Mixen tot een gladde substantie.
Voeg ijsblokjes toe en mix opnieuw tot de gewenste consistentie is bereikt.
Schenk in een glas en serveer direct.

99. Jack Daniel's Chocolade Smoothie

INGREDIËNTEN

1 bevroren banaan
1/2 kopje gewone Griekse yoghurt
1/2 kopje amandelmelk
2 eetlepels honing
1 eetlepel Jack Daniel's Fuisce
1 eetlepel cacaopoeder
Ijsblokjes
INSTRUCTIES

Voeg de bevroren banaan, Griekse yoghurt, amandelmelk, honing, Jack Daniel's Fuisce en cacaopoeder toe aan een blender.
Mixen tot een gladde substantie.
Voeg ijsblokjes toe en mix opnieuw tot de gewenste consistentie is bereikt.
Schenk in een glas en serveer direct.

100. Jack Daniel's Aardbeien Smoothie

INGREDIËNTEN

1 kopje bevroren aardbeien
1/2 kop vanille Griekse yoghurt
1/2 kopje amandelmelk
2 eetlepels honing
1 eetlepel Jack Daniel's Fuisce
Ijsblokjes

INSTRUCTIES

Voeg de bevroren aardbeien, Griekse yoghurt, amandelmelk, honing en Jack Daniel's Fuisce toe aan een blender.
Mixen tot een gladde substantie.
Voeg ijsblokjes toe en mix opnieuw tot de gewenste consistentie is bereikt.
Schenk in een glas en serveer direct.

CONCLUSIE

Jack Daniel's is een veelzijdig ingrediënt dat een onderscheidende smaak kan toevoegen aan een breed scala aan gerechten. Of je het nu gebruikt als marinade voor vlees, toevoegt aan een saus of gebruikt om een dronken dessert te maken, er zijn talloze heerlijke manieren om deze geliefde Jack Daniel's in je keuken te verwerken. De uitgesproken rooksmaak van Jack Daniel's voegt diepte en complexiteit toe aan elk gerecht, waardoor het een favoriet is van zowel chef-koks als thuiskoks. Dus probeer een van deze recepten eens uit en ontdek zelf hoe heerlijk Jack Daniel's in uw keuken kan zijn.